DICTIONNAIRE QUÉBÉCOIS INSTANTANÉ

mars 2004
de Gilbert

Michel Biron et Pierre Popovic, *Un livre dont
vous êtes l'intellectuel*, 1998

Laurent Mailhot et Benoît Melançon,
Le Conseil des arts du Canada 1957-1982, 1982

Laurent Mailhot, avec la collaboration de Benoît Melançon,
Essais québécois 1837-1983. Anthologie littéraire, 1984

Benoît Melançon, *Diderot épistolier. Contribution
à une poétique de la lettre familière au XVIIIᵉ siècle*, 1996

Benoît Melançon, *Sevigne@Internet. Remarques
sur le courrier électronique et la lettre*, 1996

Benoît Melançon et Pierre Popovic, *Le village
québécois d'aujourd'hui. Glossaire*, 2001

Pierre Popovic, *La contradiction du poème : poésie
et discours social au Québec de 1948 à 1953*, 1992

Pierre Popovic, *Entretiens avec Gilles Marcotte.
De la littérature avant toute chose*, 1996

BENOÎT MELANÇON

en collaboration avec Pierre Popovic

DICTIONNAIRE
QUÉBÉCOIS
instantané

DEUXIÈME ÉDITION
revue, corrigée et full upgradée

Illustrations de
Philippe Beha

FIDES

REMERCIEMENTS

Ils nous ont lus et ils nous en ont parlé, ou ils nous ont aidés d'une façon ou d'une autre : les membres du Collège de sociocritique de Montréal, Marie-France Bazzo, Charlotte Biron, Michel Biron, Maude Brisson, Jean-François Chassay, Gilbert David, David Dorais, Éric Gagnon, Fabienne Gomez, Rainier Grutman, Andrée Hébert, Étienne Lavallée, Paul Lefebvre, Claude Mégo Lemay, Michel Léonard, Laurent Mailhot, Marie Malo, Réginald Martel, Yolande Martel, Robert Melançon, Élisabeth Nardout-Lafarge, Pierre Nepveu, Yves Pageau, Bernard Pelchat, Pierrette Pelletier, Monique Perron, Maryse Rouy, Michel Rudel-Tessier, Érik Vigneault, Marie-Éva de Villers et Michèle Vincelette. Nous les remercions **au max***.

Direction artistique : Gianni Caccia
Mise en pages : Yolande Martel

Catalogage avant publication de la Bibliothèque nationale du Canada

Melançon, Benoît, 1958-
Dictionnaire québécois instantané
2e éd. rev. et corr.
Publ. antérieurement sous le titre : Le village québécois d'aujourd'hui.

ISBN 2-7621-2450-6

1. Français (Langue) – Régionalismes – Québec (Province) – Glossaires, vocabulaires, etc.
2. Français (Langue) – Québec (Province) – Idiotismes – Glossaires, vocabulaires, etc.
3. Français (Langue) – Français parlé – Québec (Province) – Glossaires, vocabulaires, etc.
I. Popovic, Pierre. II. Titre. III. Titre : Le village québécois d'aujourd'hui.

PC3645.Q8M44 2004   447'.9714'03   C2003-942222-4

Dépôt légal : 1er trimestre 2004
Bibliothèque nationale du Québec
© Éditions Fides, 2004

Les Éditions Fides remercient de leur soutien financier le ministère du Patrimoine canadien, le Conseil des Arts du Canada et la Société de développement des entreprises culturelles du Québec (SODEC). Les Éditions Fides bénéficient du Programme de crédit d'impôt pour l'édition de livres du Gouvernement du Québec, géré par la SODEC.

IMPRIMÉ AU CANADA EN JANVIER 2004

Ce que quelqu'un veut
délibérément dissimuler,
aux autres ou à soi-même,
et aussi ce qu'il porte en lui
inconsciemment,
la langue le met au jour.

Victor Klemperer
LTI, la langue du IIIe Reich, 1947

Préface

La première édition du *Village québécois d'aujourd'hui. Glossaire* a paru en mars 2001. La vie de la langue est si dynamique et son évolution si rapide que trois ans plus tard une nouvelle version – revue, augmentée et *full upgradée* – s'imposait.

Le village, en effet, n'a cessé de jacasser. Le marché a plus que jamais été en pleine effervescence, notamment électorale. Les étals et les étalages ont été en permanence encombrés de mots. Journalistes et joueurnalistes, chroniqueurs, politiciens, professeurs, tonitrueurs de tavernes, commentateurs sportifs, amoureux, chanteurs, confidents, restaurateurs, internautes, communicateurs de tout poil, tous ont continué à causer, à haranguer, à discuter, à vitupérer, à vendre leurs salades, à faire valser les mots et expressions dans tous les sens.

Depuis 2001 (c'est si loin), les choses ont donc changé. Les « déficits zéro » et autres « assainissements des finances publiques » étaient évoqués avec parcimonie au début de 2001 ; en novembre 2003, on les voit partout. D'autres tournures, dictées par le nouvel esprit du jour, se sont montré le bout de la syllabe : certaines sont déjà devenues des « classiques incontournables » ; d'autres sont encore en attente d'un jugement. Des formulations ont vu leur sens glisser dans des directions inattendues. Il y a même des mots qui ont réussi, en quelques mois, à tomber en désuétude. La chose la plus inouïe est que cette vie suractive de la parlote publique ne conduise pas à la cacophonie la plus complète. Tout le monde se comprend, souvent à demi-mot, à l'occasion dans un spectaculaire malentendu, parfois de travers ou à l'envers. Comment expliquer cela ? Par le fait que cette criée surabondante est parsemée de mots du jour et d'expressions toutes faites, de formules et de propos figés par la mode, de clichés et de stéréotypes archi-lisibles, de fausses évidences et d'arguments qui ne le sont pas moins, de maximes implicites ou explicites, de petites blagues connues de tous, d'idées tellement reçues que chacun croit les avoir eues lui-même. Qui vient de l'extérieur, regarde ce marché et prête l'oreille à sa rumeur ne comprend pas tout à fait. Des bouts lui en échappent. Des mots, bons et mauvais, restent pour lui incompréhensibles. Des liaisons entre des expressions et des faits lui paraissent saugrenues. Des phrases le déroutent et le laissent perplexe. Mais il lui faut peu de temps pour s'y retrouver, pour apercevoir les lignes de fond principales, pour entrevoir les grumeaux de sens dans la soupe de la parole publique. Le *Dictionnaire québécois instantané* rend obliquement l'écho de cette bousculade du discours par l'événement.

Actualisé dans son contenu, le glossaire de 2001 l'est aussi dans son graphisme et dans sa forme. Pour les mots à succès, des prix sont dorénavant octroyés ; ce sont les « Perroquet » (d'or, d'argent, de bronze). Pour celui qui monte, il y a le « Perroquet du meilleur espoir ». Il fallait aussi être sensible au « Perroquet du meilleur retour de l'année » ; c'est chose faite. Pour ce qui est devenu obsolète, « Le cimetière des mots » ouvre ses portes. Des informations ont été rassemblées sous forme d'encadrés : « Petit dialogue à l'usage des communicatrices et des créateurs » ; « Trois règles grammaticales indispensables » ; « Essai de typologie festivalesque » ; « Douze mots ou expressions à flusher de votre vocabulaire ». Précédant tout cela, une « Carte du Québec adjacent » aidera le lecteur peu féru de géographie nationale. Quelques « Modèles pour une éventuelle question référendaire » sont proposés. (On ne sait jamais.) Vers la fin, un questionnaire, « Testez vos connaissances », permettra à chacun de vérifier s'il a bien fait ses devoirs.

Une dernière raison justifiait une nouvelle édition : le nombre de réponses à notre appel au public. Les lignes finales de la première édition du *Glossaire* étaient les suivantes : « Frustré d'un oubli ? Choquée par un manque ? Full déçus ? Les auteurs ne désespèrent pas de vous lire, le village étant aujourd'hui global. » Or les réponses ont été nombreuses et nous avons intégré à notre nomenclature plusieurs des suggestions reçues : oublis à réparer, nouveaux exemples, nuances fines. Si vous en avez d'autres, n'hésitez pas à nous les faire connaître.

Les esprits perspicaces auront noté le changement de titre de l'ouvrage. Pourquoi ? Parce que.

✽ Les mots accompagnés de l'astérisque sont définis à leur place dans l'ordre alphabétique.

a

Pronom personnel de la troisième personne du singulier. *Céline, a est riche.* **VOIR** ▶ **m'as, on, tu, vous** et **y. VOIR** ▶ «Trois règles grammaticales indispensables», p. 72-73.

A -

A moins. **VOIR** ▶ **zéro.**

A (plan ~)

POLITIQUE □ Avait jadis quelque chose à voir avec les **référendums*** sur l'indépendance du Québec. Seuls les spécialistes du **plan B*** affirment encore savoir de quoi il s'agit. **VOIR** ▶ **aile radicale, association, clarté, conditions gagnantes, constitution, enclencher, forces vives, indépendance, modèle québécois, Môman, partition, purs et durs, séparatiste, souveraineté** et **table.**

absolument

MÉDIAS □ Oui*. **VOIR** ▶ **certain, définitivement, effectivement, exact, le faut, mets-en, radical, sérieux, tout à fait** et **yessssss.**

abusé

N'a pas le sens, courant partout, d'*avoir été eu.* Désigne généralement une forme de viol. *J'ai été abusé par mon père.* **VOIR** ▶ **harcèlement.**

achalant

VOIR ▸ « Le cimetière des mots », p. 152-153.

acquis

1. Que l'on a, mais craint de perdre. « L'accès des adultes à l'université : un acquis fragile » (*Cité éducative*, septembre 2000). 2. ~ *sociaux.* De moins en moins acquis, de moins en moins sociaux. Sont sur la **table*** de la **réingénierie***.

actionner

1. Faire démarrer. *Robert a actionné la pompe à finances.* 2. Traduire en justice. *Intenter une action en justice* est bien trop long à dire. Préférer *actionner*, suractif, viril, et qui, par avance, marionnettise l'adversaire, vil pantin qui va se désarticuler sous les coups de butoir de l'accusation. *Mon ostie*, m'as* t'actionner!* **VOIR** ▸ **parader** et **saisi**.

adhésion

POLITIQUE MUNICIPALE ☐ Qui ne défusionne pas manifeste du coup son adhésion – à moins que ce ne soit le contraire et réciproquement. Attention : à force de **référendums***, les adhérents d'aujourd'hui pourraient un jour devenir des *désadhérents*, et les *fusionnistes* des *défusionnistes* – à moins que ce ne soit le contraire et réciproquement. **VOIR** ▸ **arrondissement**, **défusion**, **fusion**, **mégaville** et **partition**.

adjacent

Terme de géographie urbaine montréalaise. Qui veut habiter un quartier à la mode et ne le peut pas émigre vers l'*adjacent*. « Westmount adjacent! » (*La Presse*, 7 mars 2002) « Toutes sirènes dehors, j'ai donc mis d'urgence le cap sur Rosemont, aussi connu sous le nom de

Carte du Québec *adjacent*

"**Plateau*** adjacent"» (*Le Devoir*, 8 novembre 2002). «J'ai donc quitté le Plateau, quitté le nombril de l'île, pour le Mile-End, mon nombril adjacent préféré» (*La Presse*, 13 novembre 2002). « C.D.N., adj. Sanctuaire» (*Le Devoir*, 12 juin 2003). VOIR ▶ **beigne** (**trou de ~**) et **450**. 🔋 Abréviation : *adj.*

ado

État du **flo*** ou du **jeune*** caractérisé par plusieurs symptômes aigus : boulimie permanente (aussi appelée *frigophagie*), expansion du corps et de ses prolongements, affectivité exponentielle, rupture plus ou moins douloureuse avec sa **môman***. N'est plus une affaire d'âge : «Si ta grand-mère est une vieille ado / C'est sûrement la faute à El Niño» («El Niño», chanson de Plume Latraverse). VOIR ▶ **boomerang** (**enfant ~**), **enfant**, **famille dysfonctionnelle** et **monoparental**.

affaires

Toujours *vraies*. «Évaluer et contrôler les vraies affaires» (*Le Devoir*, 8 novembre 2000). «Il y a les discours officiels et il y a les vraies affaires» (*La Presse*, 19 août 2001). «La "vraie **vie***", le "vrai **monde***", les "vraies affaires"» (*Le Devoir*, 19 février 2002). «Il y a tellement de vraies affaires dans cette vie que c'en est étourdissant» (*Le Devoir*, 9-10 novembre 2002). VOIR ▶ **vrai**. 🔋 1. Les auteurs subodorent que l'expression est souvent un synonyme de *vécu**. Ils ne sauraient cependant être formels ; ils ne voudraient pas dire de *fausses affaires*. 2. On voit aussi *vraies choses* ; c'est la même affaire. «Le Bloc veut parler des vraies choses» (*La Presse*, 4 avril 2003). «On parle-tu des vraies choses ?» (*La Presse*, 26 novembre 2003)

Ah ! Ha !

TÉLÉVISION □ Palindrome guttural caractérisé par une forte césure et par un niveau sonore élevé. Traduction : *Je vous l'avais bien dit !*

aidants naturels

Synonyme propret de *famille* et *amis**. « Une formation pour les aidants naturels » (*La Presse*, 20 février 2000). « Les aidants naturels estiment avoir été trahis » (*Le Devoir*, 4 mars 2003). 🔇 1. D'aucuns essaient de le remplacer par **aidant familial** (*Forum*, Université de Montréal, 15 mai 2000), voir par **aidant** tout court : « La conscription des aidants s'intensifie » (*Le Devoir*, 17 juin 2002). Ne confondre ni avec **aide maritale*** ni avec **aide sociale***. 2. Que serait l'antonyme d'*aidant naturel* ? *Aidant culturel* ? *Aidant contre nature* ? 3. On savait qu'il n'y avait plus d'**enfants***. Maintenant il n'y a plus de parents.

aide maritale

1. Sexe à piles. Chez les **Français de France***, se dit *gode*. 2. Produit pharmaceutique. *Le Viagra est une aide maritale vendue sur ordonnance ; elle aide à performer**. **VOIR** ▸ **blond**. 🔇 Ne confondre ni avec **aidants naturels*** ni avec **aide sociale***.

aide sociale

C'est selon : refuge de paresseux ou de défavorisés. Quoi qu'il en soit, ceux qui en « vivent » ont de plus en plus besoin d'aide, sociale ou pas. « Le séjour à l'aide sociale est deux fois plus long au Québec » (*Le Devoir*, 23 août 2001). **VOIR** ▸ **bs**, **démunis (les ~)**, **mal pris (les plus ~)** et **prestataire de la sécurité du revenu**. 🔇 Ne confondre ni avec **aidants naturels*** ni avec **aide maritale***.

aile radicale

Seul le parti Québécois en aurait eu une. «Bouchard démissionne. L'incessant affrontement avec l'aile radicale du PQ et ses obligations familiales motiveraient sa décision» (*La Presse*, 11 janvier 2001). **VOIR** ▶ **gauchistes** et **purs et durs**.

aînés

Euphémisme délicat pour *vieux*. A remplacé *troisième âge, quatrième âge* et *âge d'or*. Ils ont leur **salon***. **VOIR** ▶ **autonomie** (perte d'~), **décéder, disparu, éteindre** (s'~), **longue maladie, soins palliatifs, thanatologue** et **vieillissement de la population**.

air de rien (avoir l'~)

Discret, voire sournois. *Robert a l'air de rien, mais il obtient toujours ce qu'il veut.* **VOIR** ▶ **snôro**.

album

MÉDIAS ☐ S'est vendu ou est en train de se préparer, suivant qu'il est le dernier ou le prochain. *Alors, Céline, ton dernier album s'est vendu à 12 300 000 exemplaires? Eh bien, Robert, tu es venu nous présenter le prochain album de Céline?* **VOIR** ▶ **artiste, CD, DJ, fusion, public** et **toune**. 🔋 Le mot *album* est parfois remplacé par le mot *cédé*, ce qui n'a rien à voir avec les droits d'auteur.

allons donc!

Signale le couronnement d'un raisonnement complexe étouffé par une indignation fortement nourrie de gros bon **sens*** chez divers chroniqueurs. «On prétend que l'ouverture des tribunaux aux caméras aurait une valeur pédagogique, qui permettrait au public d'acquérir une meilleure connaissance du système judiciaire. Allons donc!» (*La Presse*, 29 juillet 2000) «Allons donc! Sans soutane, les "curés" se sont trouvé de nouveaux ministères» (*Le Devoir*, 21-22 avril 2001). «Des "lacunes"? Allons donc!» (*La Presse*, 14 juin 2003) «Zen, lui? Allons donc!» (*Le Devoir*, 17 juin 2003) 🔵 Ne pas confondre avec **cout'donc***. VOIR ▸ **ben là**.

allophone

Ne partage pas la langue des Québécois de **souche***. VOIR ▸ **autochtone**, **blanc**, **chinois** (**pâté ~**), **communautés culturelles**, **empanada**, **ethnie**, **général Tao**, **minorité visible** et **nations** (**premières ~**).

ambulatoire (virage ~)

MÉDECINE ◻ Pratique de gestion des hôpitaux visant à réduire rapidement le **vieillissement de la population***. Il s'agit d'amoindrir la qualité des soins, de diminuer le **personnel*** soignant (infirmières, médecins), de fermer le plus de lits possible et de mettre les malades à la porte des hôpitaux pour les **relocaliser*** chez eux ou ailleurs (c'est leur affaire), là où ils devraient être pris en charge pas des **aidants naturels***. Les effets sont remarquables et d'abord thérapeutiques : les gens ont désormais peur ou honte d'être malades, de sorte qu'ils dissimulent leur maladie ou que leur système immunitaire développe des anticorps naturels contre ce qui est néanmoins en train de les faire mourir. Ils sont ensuite économédiatiques : cette pratique accélère et favorise la mort du plus grand nombre et, par suite, améliore sensiblement les statistiques du chômage. Ils sont enfin politiques : l'exclusion des hôpitaux et le retour des malades en ville permettent aux virus de circuler plus librement et de devenir des virus ambulants (d'où le nom de virage ambulatoire), et tous retrouvent un droit politique inaliénable : l'égalité devant la souche virale. Seuls quelques malades décidément trop proches de l'agonie et, de ce fait, peu coopérants ont manqué ce virage et ont dû pour cette cause aller finir de rouler leur bosse aux États-Unis ; il y a de mauvaises volontés partout. **VOIR** ▸ autonomie (perte d'~), bénéficiaire, civières, gras, malade, mobilité, modèle québécois, portabilité, salles d'urgence, santé, services essentiels, vitesses et urgence.

âme

En avoir, si possible, un supplément. Plus noble que les **tripes***. **VOIR** ▸ artiste, créateur, exprimer (s'~) et littéraire.

ami

1. Conjoint. *Robert est depuis longtemps l'ami de Céline.* 2. **Enfant*** d'âge préscolaire. *Les amis de la garderie*, es-tu* prêt ?* **VOIR** ▸ flo. 3. Parent. *La mère de Céline est sa meilleure amie.* 4. Client. *Ça, mon ami, ça va te coûter cher.* **VOIR** ▸ boss. 5. Produit disponible en pharmacie. « Chez Jean Coutu on trouve de tout, même un ami » (publicité). 6. *~ de cul.* Partenaire sexuel. « L'ami(e) de cul est un(e) ami(e) avec lequel on ne fait que s'envoyer en l'air, sportivement et sans aucun sentimentalisme. On s'entend bien avec son ami de cul » (*La Presse*, 5 octobre 2002). **VOIR** ▸ qualité Québec. 7. Ex. *Céline et Robert se sont séparés, mais ils restent amis.* 8. Non-**moron***. « George Bush n'est pas un moron ; c'est mon ami » (un ex-premier ministre du Canada). 9. Praticien du virage **ambulatoire*** domestique. **VOIR** ▸ aidants naturels.

ancré dans la réalité
À l'intérieur dedans. «C'est une transition, douloureuse peut-être, mais dont on sort habituellement plus lucide, mieux armé, plus ancré dans la réalité et parfois, oui, parfois même plus serein et confiant» (*La Presse*, 10 mai 2001). VOIR ▸ ça et **réalité**.

anyway
Quoi qu'il en soit. «[Mais] vous savez Proust, faut en prendre et en laisser. Anyway» (*La Presse*, 9 juillet 2001).

à part de d'ça
VOIR ▸ **pas à peu près**.

apprécié
Demandé et accepté, en même temps. *Un **petit*** *pourboire, ce serait apprécié,* ***capitaine****. Si vous pouviez ne pas me mettre **zéro***, *Professeur, ce serait apprécié.* VOIR ▸ **remerciant** (en te ~).

apprenant
Qu'apprend-il de plus qu'un **élève*** ou qu'un **étudiant***? Les auteurs n'ont pas réussi à l'apprendre. VOIR ▸ **décrochage**, **échec**, **filles**, **garçons**, **jeune**, **pédagocratie**, **réussite**, **s'apprenant**, **s'éducant**, **transversales** (**compétences** ~) et **zéro**.

argents
Ne se dit et ne se compte qu'au pluriel, mais ce n'est pas parce qu'il y en a plus. *Il me faut des argents!* VOIR ▸ **sous**.

arracher (en ~)
Avoir souffert dans l'espoir d'y arriver, mais dans la crainte de ne pas y être parvenu. *Avec la troisième question, j'en ai arraché **pas à***

peu près*. «Dans un univers où fleurissent des magazines "mode de vie" pour **hommes*** [...], le Québec en arrache» (*La Presse*, 1ᵉʳ août 2001).

arrimage
Convergence* bipolaire, **maillage*** modeste, petit **partenariat***, **réseautage*** à deux, **synergie*** de petite échelle. VOIR ► **gagnant-gagnant, grappe** et **vision.**

arrondissement
GÉOGRAPHIE MUNICIPALE □ État intermédiaire entre la ville et la ville. Sous-produit de la **fusion***. Morceau plus ou moins grand de la **mégaville***. Pour les partisans de la **défusion***, rien n'y tourne rond. VOIR ► **adhésion** et **partition.**

artiste
Vendeur d'**albums*** qui aime «son» public. VOIR ► **âme, créateur, DJ, fusion, public, prix (remise des ~), toune** et **tripes.**

assainissement des finances publiques
Augmentation d'impôts agrémentée de suppressions de services. VOIR ► **déficit zéro** et **gras.** 🔔 Novembre 2001. Cette expression se tient pour l'heure en réserve de la République; elle va revenir. Novembre 2003. Elle est revenue.

asseoir (s'~)
Parler. Dans toute bonne négociation, on s'assoit autour de la **table*** avec un **petit*** **café*** et on **échange***. VOIR ► **exprimer (s'~).**

assez
Ne peut s'employer que redoublé, sinon ça ne compte pas pour de l'écœurement véritable. *Assez, c'est assez!* VOIR ► **besoin (de ~), ça,**

franco-français, gagnant-gagnant, matante, mononcle, pépeine, pratico-pratique, quand qu'on, qui qui et veut veut pas.

association

Ne venait qu'accompagné de **partenariat*** ou de **souveraineté***. VOIR ► A (plan ~), aile radicale, clarté, conditions gagnantes, constitution, deux, enclencher, forces vives, indépendance, modèle québécois, moins un, Môman, partition, plan B, plus un, purs et durs, quarante plus un, référendum, séparatiste, soixante plus un, table et voix.

assurance-chômage

L'assurance de chômer. VOIR ► assurance-emploi, employabilité et prestataire de l'assurance-emploi.

assurance-emploi

L'assurance de ne pas trouver d'emploi. VOIR ► assurance-chômage, employabilité et prestataire de l'assurance-emploi.

attarder (s'~ à)

VOIR ► « Douze mots ou expressions à flusher de votre vocabulaire », p. 106-108.

attitude

1. *Avoir une bonne* ~. Se montrer **positif***. 2. *Avoir un problème d'*~. Marquer, entre autres par sa mimique, qu'on n'est pas un **deux*** de pique, au risque de paraître **baveux***. « Montgomery est un excellent joueur, mais il a un problème d'attitude » (*La Tribune*, 20 décembre 2001). « Immigration – La **capitale*** a un gros problème d'attitude » (*Le Soleil*, 28 février 2002). Synonyme : *avoir une attitude fendante*.

audiences

Forme embryonnaire du **sommet***. Audiences publiques sur le financement et l'organisation des services de **santé*** et des services sociaux de l'île de Montréal. « Ouverture des audiences sur la **consultation*** à Montréal » (*La Presse*, 21 juin 2000). **VOIR** ▸ **carrefour, chantier, coalition, comité, commission, concertation, consensus, états généraux, festival, forum, groupe, partenaires sociaux, rencontre, salon, suivi** et **table**.

autochtone

Premiers arrivés, derniers servis. **VOIR** ▸ **blanc, dialogue, minorité visible, nations** (premières ~) et **sud**. ❶ Ne confondre ni avec **allophone***, ni avec **communautés culturelles***, ni avec **ethnie***, ni avec Québécois de **souche***.

autonomie (perte d'~)

1. **DÉMOGRAPHIE** ▢ État de l'**aîné*** en instance de **décéder*** à la suite d'une **longue maladie***. S'il n'est pas aux **soins palliatifs***, il est souvent viré ambulatoirement ; **VOIR** ▸ **ambulatoire (virage ~)**. Conséquence du **vieillissement de la population***. Prélude à l'arrivée du **thanatologue***. « Jean-Paul II est un homme malade, souffrant et en perte d'autonomie » (*La Presse*, 15 octobre 2003). 2. **POLITIQUE** ▢ Antonyme de **souveraineté***.

avalanche

MÉLIORATIF ▢ Grand, massif, énorme. *L'avalanche de succès se poursuit pour Céline avec son dernier **album***; son **public*** l'aime.*

ayatollah

Personne soupçonnée d'**intégrisme***. « Les ayatollahs du **Plateau*** »
(*Le Devoir*, 6 avril 2001). « Ce sont les ayatollahs du commerce qui
essaient de nous censurer » (*La Presse*, 14 juin 2001). « Les ayatollahs de l'enfance » (*La Presse*, 14 mai 2002). « "À bas les ayatollahs
du Vatican", lance la communauté gaie en ouvrant son défilé » (*La
Presse*, 4 août 2003). VOIR ▸ **rectitude politique** et **tolérance zéro**.

ayoye

Par collusion de aïe et ouille. Douleur consciente, un brin grasse,
ou signe d'étonnement, voire d'admiration. « Et le très brillant Ray
Lewis qui se prend pour Jésus. Ayoye! » (*La Presse*, 28 janvier
2001) « Un hockeyeur japonais dans la LNH ? Ayoye! » (*La Presse*,
8 février 2001) « Le hasard nous mord les fesses. Ayoye! » (Catherine
Mavrikakis, *Ça va aller*, 2002) « Laurent m'a envoyé un e-mail
pour savoir si ça nous tentait de faire la grosse scène, j'ai dit :
ayoye! » (*Le Devoir*, 27-28 juillet 2002) « Nos caisses de retraite :
ayoye! » (*La Presse*, 29 juillet 2002) « Ayoye! Entre en scène Julie
Snyder » (*Le Devoir*, 15-16 mars 2003). « Dionysos : ayoye! » (*La
Presse*, 4 août 2003) VOIR ▸ **écœurant**.

baby-boomers

C'est de leur faute. 🔴 Attention : on ne peut pas dire *baby-boomer vieillissant* ; c'est une contradiction dans les termes. « [Voilà] le minimum qu'il vous faut pour le reste de vos jours, signale-t-on au boomer vieillissant » (*Le Devoir*, 12-13 octobre 2003).

baies James

Unité de mesure. **HISTOIRE** ◻ Avant la construction de ce complexe hydroélectrique, on mesurait en *terrains de football* : *L'ego de Céline fait quatorze terrains de football*. Depuis, ce sont les *baies James* qui priment : *Pour tirer une idée originale de son premier ministre, le Canada / le Québec aurait de besoin* de l'équivalent de quinze baies James de chance*. **VOIR** ▶ **immense**. 🔴 Ne s'emploie qu'au pluriel.

balises, baliser

Plus un raisonnement est vaseux, plus il menace de noyer la pensée dans ses propres sables mouvants. C'est pourquoi il est coutumier de mettre des balises partout, à tout hasard. « Ottawa doit poser des balises à la recherche » (*Le Devoir*, 20 mars 2001). « [Certaines] questions soulevées commandent que des expériences soient faites pour baliser concrètement l'opérationnalisation de la Politique »

(Université de Montréal, 2001). « Mais il y a un bon usage de l'interdisciplinarité, quand on sait en établir des balises » (*Le Devoir*, 7-8 avril 2001). « La **mondialisation*** a besoin de balises » (*Le Devoir*, 7 mai 2001). **VOIR** ▶ **fondements**, **point**, **truchement** et **zoutils**. 🔍 Toujours au pluriel.

bar ouvert

Générosité indue, souvent gouvernementale, qui consisterait à fournir à quelqu'un tout ce qui se trouve sur sa **liste d'épicerie***. « Mais une question se pose, **incontournable*** : s'agit-il d'un nouveau "bar ouvert" au profit des nombreux affamés du secteur […] ? » (*Le Devoir*, 5 septembre 2000) « Lachenaie : contrat de gérance ou bar ouvert ? » (*La Presse*, 3 février 2001) « Un "bar ouvert" à la pollution » (*La Presse*, 4 mars 2003). **VOIR** ▶ **gras** et **volonté** (à ~).

bas (manger ses ~)

1. Être sur le gros **nerf***. « J'ai pensé à Denys Arcand, qui devait être en train de manger ses bas […] » (*La Presse*, 26 mai 2003). 2. Se faire remettre à sa place, devoir ravaler son honneur. « Pour sa part, Kevin Burke de Johnville était en train de manger ses bas au cours des deux premiers rounds du combat l'opposant à Stéphane Bourassa de Victoriaville » (*La Tribune*, 20 mars 2001). « Ohka et Guerrero leur ont fait manger leurs bas » (*La Presse*, 9 juin 2002). « C'est possible que les dirigeants mangent leurs bas si ça échoue […] » (*Le Devoir*, 24-25 mai 2003).

baveux

Qui préfère l'arrogance à la déférence. Ne manque pas d'**attitude***. « Baveux et irrévérencieux. Le magazine *p45* veut brasser la **cage*** des publications alternatives » (*La Presse*, 7 mars 2001). « Lahaie préfère jouer la carte de la prudence lorsque vient le temps de parler de l'attitude des Huskies. Entre ses lèvres serrées, on peut quasiment déchiffrer le mot "baveux" » (*Le Soleil*, 16 novembre 2001).

beigne (trou de ~)

Phénomène urbain : dépeuplement du **centre***. « Fini, le trou de beigne ? » (*La Presse*, 18 septembre 2000) VOIR ▸ **adjacent** et **450**.

bénéficiaire

Dans les hôpitaux, patient. A besoin de l'être. Bénéficie de moins en moins. VOIR ▸ **ambulatoire (virage ~)**, **civières**, **malade**, **salles d'urgence**, **santé**, **services essentiels**, **vitesses** et **urgence**.

ben là

Interjection marquant la résignation. Plus déprimé que **cout'donc***. Moins combatif que **allons donc !***. « Sur ce, ben là, bon été » (*Le Devoir*, 18-19 mai 2002).

🔊 Prononciation mouillée et suspensive : *bain lââââââ…*

bermudas

Signe météorologique de couleur pastel à double valence. Portés à l'extérieur, désignent les vacances épanouies. Portés à l'intérieur, annoncent qu'on en a marre de travailler et qu'on voudrait bien, comme tout le monde, être en vacances, si possible dans le **sud***. VOIR ▸ **travail**.

besoin (de ~)

Locution pleine de richesses cachées. *Avoir besoin de boire une Torrieuse* est trop timide. Il vaut mieux *avoir de besoin de boire une Torrieuse*. On pourra même mettre la barre un cran plus haut : *avoir de besoin de d'autres bouteilles de Torrieuse*. VOIR ▸ **assez**, **ça**, dont, franco-français, gagnant-gagnant, matante, mononcle, pépeine, pratico-pratique, quand qu'on, qui qui et veut veut pas.

beurre

1. Substance qui obscurcit la vue. «La femme reste là au milieu d'un désert verbal où les mots ne poussent plus, avec des yeux qui roulent dans le beurre» (*Le Devoir*, 5 décembre 1998). 2. Monnaie d'échange à valeur unique. *Ne pouvoir avoir le beurre et l'argent du beurre.* 3. Matière lourde et visqueuse qu'il ne faut pas économiser. *En beurrer épais.* «L'ennui, c'est qu'il laisse parfois l'impression d'en beurrer épais» (*La Presse*, 6 juillet 2001). «On sent, en tout cas, que Messier en fait trop, qu'il beurre épais et avec complaisance» (*Le Devoir*, 9-10 novembre 2002).

biaisé

Non pas de travers, mais marqué par le préjugé. *T'as pas aimé l'album* de Céline? T'es biaisé.* VOIR ▸ transversales (compétences ~).

blanc

Non-autochtone*. *Les Africains, les Haïtiens et les Chinois sont des blancs.* VOIR ▸ allophone, chinois (pâté ~), communautés culturelles, empanada, général Tao, minorité visible, nations (premières ~), poutine, pure laine et souche.

blaster

Engueuler. VOIR ▸ claque, ramasser et slugger.

bleaché

Arsenal capillaire du sportif. Teinture de formule 1. Blond **fluo*** pâle. *Jacques Villeneuve a réussi un exploit: il est chauve et bleaché.* VOIR ▸ blonde et cheveu.

blond

1. *Le démon ~*. Le porte-parole de Viagra au Québec, l'ex-hockeyeur Guy Lafleur. **VOIR ▶ aide maritale. ❶** On voit aussi l'*athlète de Thurso*. 2. *Le grand ~*. Marc Labrèche, animateur du **show de chaises*** intitulé *Le grand blond avec un show sournois*. Les chaises y étaient souvent remplacées par des objets hautement hétéroclites.

blonde

1. Dulcinée. Ne survit pas toujours au passage à l'état de **môman**. **VOIR ▶ monoparental.** 2. *Jokes de ~*. Activité qui consiste à adapter toute ancienne plaisanterie sur les Belges ou les Newfies au caractère supposé d'une femme blonde, **bleachée*** ou pas. *Combien faut-il de blondes pour changer une ampoule électrique ? Etc.*

bogue

VOIR ▶ « Le cimetière des mots », p. 152-153.

bonheur

VIE COURANTE ☐ Le bonheur est l'état que l'individu atteint quand son **vécu*** ne comporte aucun **irritant*** et qu'il peut croître ou **grandir***. **VOIR ▶ chercher, croissance, enfant, feng shui, nouvel âge, pensée magique, quotidien, ressourcer (se ~)** et **s'investir**.

booké

Être occupé ou, du moins, avoir son agenda rempli. *Je suis booké. Je suis overbooké.* **VOIR ▶ go** et **goaler. ❶** Se dit aussi des avions.

boomerang (enfant ~)

Ado* qui ne l'était plus, pour cause de départ du domicile familial, mais qui veut le redevenir (pour de basses questions de **sous***, disent les mauvaises langues). « Radiographie d'un enfant boomerang »

(*La Presse*, 14 mai 2001). **VOIR** ▸ enfant, famille dysfonctionnelle, flo, jeune, Môman et monoparental.

boss
COMMERCE ▫ Hypocoristique de *client*. *Ça va, boss?* **VOIR** ▸ capitaine, petit et remerciant (en te ~).

boucher
Laisser coi. *Là, je t'ai bouché, hein!*

bourratif au goût
À dégueuler. *La Torrieuse est bourrative au goût.* **VOIR** ▸ volonté (à ~).

bout de chemin
Cheminement* positif. *Faire un petit* bout de chemin.*

braillable
Se dit d'une œuvre qui **interpelle*** **quelque part***. Les invasions barbares *sont braillables pas à peu près**.

bras
1. *Coûter un* ~. Être cher **pas à peu près***. 2. *Gros comme le* ~. Signe de l'évidence. *Opportunité* est un anglicisme gros comme le bras.* 3. *Avoir sur les* ~. Devoir **dealer avec*** un problème ou le **gérer***.

brebis
De galeuse, est devenue tremblante. **VOIR** ▸ vache.

bretelles (se péter les ~)
Irradier de bonheur, surtout s'il n'y a pas de quoi. *Ils peuvent bien se péter les bretelles avec 38 % de défusionnistes abstentionnistes.* **VOIR** ▸ défusion et rire.

brimer

Généralement *dans ses droits fondamentaux*. « La crise du logement brime leurs droits fondamentaux » (*Le Devoir*, 26 juin 2003). ❶ Prend de l'expansion. « À Québec, des **enfants*** "brimés dans leurs heures de repas" » (*La Presse*, 21 septembre 2000).

broche à foin

Très déficient, faible. *Une organisation de broche à foin.* « Il aime Montréal [...]. Il aime son caractère broche à foin, mal foutu, parfois **quétaine*** et déglingué » (*La Presse*, 8 février 2002). VOIR ▸ **tuque**.

brosse (prendre une ~)

Prendre une cuite. VOIR ▸ **méchant**.

broue dans le toupet (avoir de la ~)

En avoir plein les bras, être dépassé par les événements ou les sentiments. « De quoi avoir un **peu*** de trémolo dans l'ï tréma. Pour ne pas dire de la broue dans le toupet » (*Le Devoir*, 3 juillet 2001).

bs

Bien-être social. Il n'y en a plus. VOIR ▸ **aide sociale**, **démunis (les ~)**, **mal pris (les plus ~)** et **prestataire de la sécurité du revenu**.

but (ne pas avoir de ~)

Synonyme de *pas avoir **rapport***. *T'as pas de but.*

ça

1. *Autre chose avec ~ ?* Expression marchande dont on ne sait si elle est, chez un vendeur, la marque d'une simple politesse inquiète ou la trace ostensible de sa cupidité. **VOIR ▶ chausson aux pommes.**  Existe en abrégé : « Des vacances à bord d'un motorisé avec ça ? » (*La Presse*, 9 avril 2001) 2. *~ l'a.* Construction verbale fusionnelle non dépourvue de musicalité. *Ça l'a l'air que Céline sonne l'hallali.* **VOIR ▶ assez, besoin (de ~), franco-français, gagnant-gagnant, matante, mononcle, pépeine, pratico-pratique, quand qu'on, qui qui** et **veut veut pas.** 3. *C'est ~ qui est ~.* À la fois supplément de **réalité***, manifestation de résignation et intensif visant à mettre un terme à un échange. *Veut veut pas*, c'est ça qui est ça.* « Tu vas aimer… Comme tout le monde… Et c'est ça qui est ça » (*La Presse*, 22 août 2001). « C'est ça qui est ça » (chanson de Martin Léon, 2003). *C'est ça qui est ça* (revue littéraire, 2003). **VOIR ▶ ancré dans la réalité** et **fait que.**  On voit souvent *C'est ça qui est ça dans le monde du sport.* 4. *Ci et ~.* Formule volontairement vague par excès de prudence : *un ci et un ça, les ci et les ça.* « Les plus vilains diront que Dan Matthews est un ci et un ça » (*La Presse*, 3 août 2002). 5. *Comme ~ se peut pas.* De façon étonnante. « [Il] ravive *Il suffirait*

de presque rien comme ça se peut pas» (*Le Devoir*, 22-23 février 2003). 6. *Oublie ~, oubliez ~.* En appeler à la résignation d'autrui. «Oubliez ça, nous sommes paranos, angoissés, blasés, ironiques et sarcastiques, mais jamais hip» (*La Presse*, 23 octobre 2003). **VOIR** ▶ **veut veut pas.** ❶ Expression d'origine sportive. «Les Obus de Québec contre les Alouettes, oubliez ça» (*La Presse*, 15 novembre 2003). **VOIR** ▶ **à part de d'ça, confortable** (être ~ avec), **faire** et **peur** (ça fait ~).

café

Parler, si utilisé avec *prendre un **petit**. On se téléphone et on va prendre un petit café.* **VOIR** ▶ **asseoir** (s'~) et **échanger.**

cage (brasser la ~)

Secouer un organisme, une réunion, un **groupe*** en vue de le déstabiliser. *Le ministre de l'Éducation compte sur l'appui des parents pour brasser la cage de ces fainéants d'enseignants.* «La Corée du Nord est une cage qu'il serait judicieux de ne pas trop brasser» (*La Presse*, 9 janvier 2003). «On a besoin que la cage du milieu financier soit brassée de fond en comble» (*La Presse*, 30 avril 2003). **VOIR** ▶ **tuque.**

canadien-français

Épithète que l'on croyait obsolète depuis la **Révolution tranquille*** et pourtant vouée à un bel avenir, au Québec et hors Québec. **VOIR** ▶ **ROC.**

capitaine

Archaïsme. À l'époque des tavernes, appellatif de *garçon*: *Capitaine! Encore deux Torrieuse.* Le client du capitaine est souvent le **boss***: *Les v'là, boss.* **VOIR** ▶ **apprécié, petit** et **remerciant** (en te ~).

capital humain

Personnel ou **gens**, mais en plus **inclusif***. «C'est bien connu, la technologie est la locomotive de la nouvelle **économie***, mais le capital humain en est incontestablement la force motrice» (programme électoral de l'équipe Tremblay à la mairie de Montréal, 2001). **VOIR** ▸ **gras**, **lubrifier**, **mobilité**, **portabilité** et **sous-traitance**.

capitale

VOIR ▸ **capitale mondiale**, **festival**, **Québec** et **Trois-Rivières**.

capitale mondiale

Village ou ville où a lieu (miracle!) un événement. **Oubedon*** village ou ville présentant un trait pittoresque spécifique identitaire unique. *Drummondville, **capitale*** *mondiale du folklore.* **VOIR** ▸ **festival**.

capoter

1. Beaucoup apprécier, voire tomber en extase. *En écoutant le dernier **album*** de Céline, j'ai capoté.* **VOIR** ▸ **débile**, **extrême**, **full**, **hyper**, **masse** (en ~), **max**, **méchant**, **méga**, **moyen**, **os** (à l'~), **pas à peu près**, **phat**, **planche** (à ~), **super**, **torcher** et **über**. 2. Devenir fou de **rage***. *En écoutant le dernier **album*** de Céline, j'ai capoté.* **VOIR** ▸ **coche** (sauter une ~) et **fils** (avoir deux ~ qui se touchent).

carrefour

Sommet* où l'on se croise. Carrefour Jeunesse emploi. Carrefour mondial de l'accordéon. **VOIR** ▸ **audiences**, **chantier**, **coalition**, **comité**, **commission**, **concertation**, **consensus**, **consultation**, **états généraux**, **festival**, **forum**, **groupe**, **partenaires sociaux**, **rencontre**, **salon**, **suivi** et **table**.

casino
A remplacé l'impôt sur le revenu : impôt sur la perte. **VOIR** ▶ **vidéopoker.**

CD
Album*.

cellulaire
Engeance, téléphonique ou cancéreuse. **VOIR** ▶ **motomarine** et **trottinette motorisée.**

cent dix pour cent
1. Mesure hyperbolique de l'effort destinée à excuser la défaite. Elle a donné son nom à une émission sportive à la télévision de fin de soirée. *Les p'tits gars* ont été plantés, mais ils ont donné leur cent dix pour cent.* **VOIR** ▶ **compétiteur, coupe (sentir la ~), flanelle, glorieux, mal paraître, mental, pression** et **puck.** ❶ Le *cent dix pour cent* marque l'**échec***, là où l'**intensité*** marque la **réussite***. 2. Forme tout aussi hyperbolique de l'**adhésion***. « Leur grève, j'étais d'accord à 110 %. Je suis toujours d'accord avec les profs, *anyway** » (*La Presse*, 4 décembre 2001).

centre
1. **POLITIQUE** ☐ Ce n'est jamais à cause de leurs adversaires que les **réformes*** avortent, c'est à cause de l'ontologique conservatisme du *centre*. 2. **URBANISME** ☐ Se dépeuple s'il est de ville. **VOIR** ▶ **beigne (trou de ~).**

certain
1. Si suivi du point d'exclamation : **oui*** **pas à peu près***. **VOIR** ▶ **absolument, définitivement, effectivement, exact, le faut, mets-en,**

radical, sérieux, **tout à fait** et yessssss. 2. *Un ~*. Pas sûr. *Connaître un certain succès*. **VOIR** ▶ **petit** et **peu** (**un ~**).

certifié

VIE COURANTE □ Qui a un papier quelconque faisant office de diplôme. *Les bénéficiaires* recevront une évaluation par un intervenant* certifié.*

c'est quoi ?

Forme de l'interrogation (trop) directe, qui tend à remplacer *Qu'est-ce que ?*, trop **franco-français***. *C'est quoi qu'tu dis, papa ?* **VOIR** ▶ **problème**, **quoi**, **quossé** et **signe** (**c'est quoi ton ~ ?**).

chaises (show de ~)

Émission télévisée durant laquelle des **communicateurs*** interrogent un **expert*** ou se mêlent au peuple. « Nous avons beau nous vanter de faire la "meilleure télévision au monde", nous sommes génétiquement incapables de produire un show de paroles, d'idées et de chaises qui ait de l'allure » (*La Presse*, 30 janvier 2001). « On se croit fortiche, on ne juge pas utile de programmer le magnétoscope, pensant naïvement qu'on peut toujours veiller le vendredi soir et puis, paf! en regardant un *show* de chaises, voilà que le poids des ans vous enfonce lourdement dans le divan » (*Le Devoir*, 1ᵉʳ mai 2001). **VOIR** ▶ **écoutez**, **joueurnaliste** et **ouvertes** (**lignes ~ radiophoniques**).

champ

1. *Être dans le ~*. Se tromper **pas à peu près***. « D'ailleurs, il faut l'avouer, la gauche comme la droite peuvent être dans le champ à l'occasion » (*Le Devoir*, 6 octobre 2003). 2. *Prendre le ~*. Sortir de la route. Fréquent quand on a trop pesé sur la **suce***.

chantier

Forme conviviale du **sommet***. Chantier sur l'éducation. « Le Bloc invite Dion à un vaste chantier sur la "**clarté***" » (*La Presse*, 29 janvier 2000). **VOIR** ▶ **audiences, carrefour, coalition, comité, commission, concertation, consensus, consultation, convivialité, états généraux, festival, forum, groupe, partenaires sociaux, rencontre, salon, suivi** et **table.**

char

1. *Les gros* ~. Plus que satisfaisant. « Galaxie 500 : les gros chars ! » (*Le Soleil*, 14 juillet 2003) 🔔 S'emploie surtout négativement. « Investissements dans l'auto : ce n'est pas les gros chars… » (*La Presse*, 9 août 2001) 2. **VOIR** ▶ **steamer de marde (manger un** ~**).**

Charlemagne (la p'tite fille de ~)

Céline Dion, chanteuse et mère de famille. 🔔 On voit aussi *la diva de Charlemagne.*

chausson aux pommes

Pour des raisons qui se perdent dans la nuit de l'histoire de la boulangerie et de la restauration rapide, le *chausson aux pommes* est le symbole du superflu et de la demande (jugée) exorbitante. L'expression a quitté le domaine alimentaire pour conquérir le terrain culturel. *Emma trompe son bon mari Charles avec Léon Dupuis, puis avec Rodolphe Boulanger. Et elle voudrait être heureuse ! Un chausson aux pommes avec ça ?* **VOIR** ▶ **ça.**

cheapo

Variante ostensiblement pauvre du **quétaine***. « [Inévitables] relents de culture cheapo canal 10 » (*Le Devoir*, 19 octobre 2000). « Par moments, j'entendais – et savourais – des *grooves* à la manière groupes de garage des années 60, avec l'orgue cheapo et les trois accords qui revenaient tout le temps » (*Le Devoir*, 1ᵉʳ février 2001).

chef de file

MÉLIORATIF □ Tout faire pour en être un. Se dit des personnes comme des collectivités. *Le Québec est un chef de file* **incontournable*** *dans le* **jovialisme***. « [Le programme] donne à des diplômées et diplômés talentueux et à des employées et employés prometteurs la chance de devenir les chefs de file d'une fonction publique représentative et diversifiée » (gouvernement fédéral, 2003). **VOIR** ▶ **leader** et **personnel**.

cheminement

Refus de la responsabilité. Le cheminement est une voie sans issue dans laquelle on laisse aller quelqu'un à qui l'on devrait dire qu'il fait une connerie. *Il faut laisser l'***apprenant*** *et le s'***éduquant*** *aller au bout de leur cheminement.* **VOIR** ▶ **bout de chemin**, **choix**, **démarche**, **échec**, **filles**, **garçons**, **pédagocratie**, **réussite** et **vivre**.

chercher

PSYCHOLOGIE □ Se **ressourcer***, **s'investir***, descendre à l'intérieur dedans de son **vécu*** pour, **quelque part***, en sortir **grandi***, en extraire les **irritants***, **œuvrer*** à sa **croissance***, aller à la rencontre de son **bonheur***, jouir de son **quotidien***, caresser son **enfant*** intérieur. *Ton* **album***, *Céline, est venu me chercher.* **VOIR** ▶ **feng shui**, **nouvel âge** et **pensée magique**. ❶ Ne pas confondre avec l'expression **franco-française*** *qui me cherche me trouve.*

cheveu

Individuation capillaire. *Avoir le cheveu rare, avoir le cheveu bouclé.* **VOIR** ▶ **bleaché** et **pied**. ❶ Ne s'emploie qu'au singulier.

chinois (pâté ~)

Mets canadien prisé par **Pôpa*** où se superposent, mais sans **fusion***, bœuf, maïs et pomme de terre. « [Le] pâté chinois, plus qu'un plat, est le fondement social et politique du Québec » (*Le Devoir*, 10-11 novembre 2001). VOIR ▸ **thanatologue.** ❶ Malgré la proximité géographique, ne confondre ni avec **feng shui*** ni avec **général Tao***.

choix

1. *C'est mon ~, c'est ton ~, c'est son ~, c'est notre ~, c'est votre ~, c'est leur ~.* Décision glorieuse et identificatrice si elle est prise par celui qui parle (*Boire de la Torrieuse, c'est mon choix*), généralement suspecte si elle est prise par les parents de l'**ado*** (*Pas vouloir que je mette de la Torrieuse dans mes céréales, c'est votre choix*). VOIR ▸ **cheminement, démarche, respecter** et **vivre. 2.** *~ de société*. À la place d'une société de choix. VOIR ▸ **débat(s).**

choqué, choquer (se ~)

État normal des comédiens dans un téléroman de Lise Payette, de Fabienne Larouche, de Réjean Tremblay ou de Victor-Lévy Beaulieu. Dans le langage courant, s'emploie pour annoncer l'imminence volontairement retardée d'une sourde colère. *Attention, là… M'as** *m'choquer, là…* « Faut-il se choquer ? » (*La Presse*, 21 septembre 2003) VOIR ▸ **frustré, montée de lait, personnel** et **stressé.**

Chose

Nom propre très commun. « Ben voyons donc, Chose » (*La Presse*, 27 septembre 2000). « Et il paraît qu'il s'en trouve […] pour présenter une formation raboudinée à la diable, un sujet *hot** à propos duquel vous pouvez lire dans ces pages un texte de mon collègue Chose là » (*Le Devoir*, 17 juillet 2001).

chronique

ÉCONOMIE □ Synonyme de *Il n'y a rien à faire. Les malades chroniques coûtent cher à l'État. Le **sous-financement*** des universités est chronique. Le **déficit*** du gouvernement québécois est chronique.*

cirque

Surtout *médiatique.* « Ici, dès qu'un procès est très suivi, on parle de cirque médiatique » (*La Presse*, 13 juin 2001). Il est aussi question de celui *de la Formule 1.* **VOIR** ▶ **bleaché**, **communicateur**, **Newtown** et **suce** (**peser sur la ~**).

civières

Les garnir d'êtres humains, puis les parquer dans un corridor. *Il y a dix-sept **bénéficiaires*** sur des civières à l'hôpital Maisonneuve-Rosemont depuis plus de quarante-huit heures.* **VOIR** ▶ **ambulatoire** (**virage ~**), **malade**, **salles d'urgence**, **santé**, **services essentiels**, **vitesses** et **urgence**. 🔇 Ne s'emploie qu'au pluriel.

civile (société ~)

A précédé **inclusif***, qui l'a remplacée.

claque

1. *Donner une ~ ou donner la ~.* Se secouer pour terminer une affaire. *J'ai donné la claque pour finir mon devoir.* 2. *Donner une ~ ou donner la ~.* En jeter plein la vue. « J'ai envie de faire de quoi qui donne une claque » (*Voir*, 31 août 2000). 3. *Manger une ~.* Se faire battre **pas à peu près***, être humilié au **max***, subir une raclée. Plus douloureux que *prendre une **débarque****, parfois autant que se faire **blaster***, mais moins que se faire *slugger**. État de celui qui se fait **ramasser***. 4. *En avoir sa ~.* En avoir assez. *J'en ai ma claque.*

clarté

POLITIQUE □ Lexique parlementaire. Sujet d'une loi du gouvernement fédéral sur les **référendums*** québécois. Synonyme (fédéraliste) de *conditions gagnantes**. **VOIR** ▸ **A** (plan ~), **aile radicale, association, constitution, enclencher, forces vives, indépendance, noirceur (la grande ~), Môman, partition, plan B, purs et durs, Révolution tranquille, séparatiste, souveraineté** et **table**. **HISTOIRE** □ Le Québec aurait longtemps été victime de la grande **noirceur*** duplessiste. Durant les années 1960, le gouvernement Lesage a nationalisé les compagnies d'électricité. En 1987, Jean Larose postulait l'existence de *La petite noirceur* (essai). En 2000, le gouvernement fédéral adoptait la loi C-20 sur la clarté référendaire. Québec, terre des Lumières, ou non? Avant de tirer la **plogue***, faudrait se brancher. **VOIR** ▸ **fils (avoir deux ~ qui se touchent)** et **switch (dormir sur la ~)**.

classe

En avoir ou pas. *Inviter des lamas à son remariage? Pas de classe!* La souhaiter internationale. *Coaticook est une ville de classe internationale.* **VOIR** ▸ **peur (ça fait ~)**. 🅠 Souvent ironique: «De la grosse classe» (*La Presse*, 19 avril 2001).

classique

Si tout l'est, rien ne l'est. *Le **deux*** plus un, c'est un classique.* «Tout sur la métaphysique du classique pâté **chinois***» (*Le Devoir*, 20-21 janvier 2001). «Dans Lanaudière, à Joliette […], la patinoire de 4,5 km sur la rivière l'Assomption est devenue, avec les années, un classique au Québec» (*La Presse*, 25 janvier 2001). «Un classique: la panne offensive» (*La Presse*, 23 octobre 2001). «Le film a été réalisé en 1994 […]. Un classique» (*La Presse*, 19 janvier 2002). «Un classique : simple, double, triple, circuit » (*La Presse*, 25 juin 2003). « Un grand classique lachutois : la "**poutine*** à 4 heures du matin" » (*La Presse*, 11 juillet 2003). Synonyme vestimentaire : *indémodable*. **VOIR** ▶ **culte**, **festival** et **incontournable**.

clause orphelin

Anglicisme, parfois traduit par *clause discriminatoire* ou *clause d'exclusion*. Entourloupette patronosyndicale qui consiste à moins payer les nouveaux employés que les anciens. **VOIR** ▶ **déficit zéro**, **équité salariale**, **jeune**, **orphelins**, **Québec inc.** et **solidarité**.

clencher

Du lexique de la quincaillerie (« Emma tourna la clenche d'une porte », Flaubert), ce mot est passé, sous l'influence de l'anglo-américain, à celui de la cynégétique : « Pour clencher ton chien au frisbee » (publicité). Traduction libre : « Pour accélérer plus vite que Milou au frisbee. » ❶ 1. Ne pas confondre avec **enclencher***. 2. Ne s'emploie qu'avec parcimonie.

coalition

Forme unifiante du **sommet***. Sur les forêts vierges nordiques. Coalition Montréal. **VOIR** ▶ **audiences**, **carrefour**, **chantier**, **concertation**, **consensus**, **consultation**, **états généraux**, **festival**, **forum**, **groupe**, **partenaires sociaux**, **rencontre**, **salon**, **suivi** et **table**.

coche (sauter une ~)

Péter les plombs, **capoter***, perdre les pédales. « J'ai suggéré à mon ex-conjointe de partir pour le bien-être des **enfants***, poursuit-il. Je ne voulais pas sauter une coche, perdre la carte et ne plus arriver à me contrôler » (*La Voix de l'Est*, 6 avril 2001). « Revoyez

Anne Dorval sauter une coche et piquer sa crise [...]» (*La Presse*, 4 juin 2003). **VOIR** ▸ **fils (avoir deux ~ qui se touchent).**

code

CÉGEP □ Grammaire. *Céline ne maîtrise pas bien le code.*

coin (se peinturer dans le ~)
S'autonuire. «L'injonction est accordée, mais la succession s'est "peinturée" dans le coin» (*Le Devoir*, 12 novembre 2003).

comité
Petit **sommet***. **VOIR** ▸ **audiences, carrefour, chantier, coalition, concertation, consensus, consultation, états généraux, festival, forum, groupe, partenaires sociaux, rencontre, salon, suivi** et **table.**

comme
Mot issu du langage **ado***, désormais passé dans la vie courante. La **réalité*** réellement réelle est très dangereuse, aussi vaut-il mieux la nommer comme si on la comparait à quelque chose qui lui ressemble, mais qui paraît plus inoffensif ou plus allusif. *T'aurais pas un vingt, comme?* Synonyme de *genre**, comme. «Il y a une parenté, comme» (*La Presse*, 2 février 2003). **VOIR** ▸ **saveur (à ~)** et **style.**

comment ça se fait que... ?
Dans les tribunes téléphoniques à la radio, entrée en matière des questions posées par l'animateur ou l'auditeur qui veut immerger celui qu'il interroge dans la fétide indignation bouillonnante dont les gargouillements périlaryngaux l'étouffent. La réponse commence généralement par **écoutez***. **VOIR** ▸ **joueurnaliste, ouvertes (lignes ~ radiophoniques)** et **programme (félicitations pour votre beau ~).**

comme tel

Absence redoublée de **réalité***. « Il n'y a rien à voir comme tel dans le donjon, sinon d'énormes piliers qui soutiennent le plafond » (*La Presse*, 12 mai 2001).

commission

Avatar parlementaire du **sommet***. Commission d'étude sur les services de **santé*** et les services sociaux. Commission de l'éthique de la science et de la technologie. VOIR ▸ **audiences, carrefour, chantier, coalition, comité, concertation, consensus, consultation, états généraux, festival, forum, groupe, partenaires sociaux, rencontre, salon, suivi** et **table**.

commissions scolaires

Étaient confessionnelles. Depuis 1998, ne le sont plus. Qui l'a remarqué ? VOIR ▸ **religion**.

communautés culturelles

Désigne *les autres*, c'est-à-dire tous ceux qui ne seraient pas des Québécois de **souche***, **genre***. *La littérature montréalaise des communautés culturelles* (Université de Montréal, 1990). VOIR ▸ **allophone, autochtone, blanc, chinois (pâté ~), empanada, ethnie, général Tao, minorité visible** et **nations (premières ~)**.

communicateur, communicatrice

Créature médiatique. Qui **parle*** ou qui **perle***. VOIR ▸ **absolument, album, chaises (show de ~), comment ça se fait que… ?, définitivement, dialogue, dommages collatéraux, écoutez, effectivement, expert, intégrisme, joueurnaliste, ouvertes (lignes ~ radiophoniques), programme (félicitations pour votre beau ~), synergie, tendance** et **tout à fait**.

compétence

Savoir ou habileté, en langage ministériel. «Reconnaissance des **acquis***. La CSE recommande la création d'un répertoire national de compétences» (*Cité éducative*, septembre 2000). VOIR ▶ **expertise** et **transversales (compétences ~)**.

compétiteur

Toujours *fier*. Toujours perdant. «De fiers compétiteurs, comme le disent les Tchèques» (*La Presse*, 17 août 2001). VOIR ▶ **cent dix pour cent, flanelle, forces vives, glorieux, intensité** et **mental**.

compréhension (merci de votre ~)

Bonbon donné à un otage. Vous êtes coincé dans le métro? «Merci de votre compréhension.» Les employés des **arrondissements*** nés de la **défusion*** vous empêchent de circuler? «Merci de votre compréhension.» La **réingénierie*** vous laisse sur le carreau? «Merci de votre compréhension.»

compressions

Budgétaires. Toujours *inévitables*. Temporairement suspendues pendant quelques années, de retour depuis juin 2003. «Les compressions de Jean Charest» (*Le Devoir*, 1er juin 2003). «Le milieu culturel fait front commun devant les menaces de compressions» (*Le Devoir*, 6 juin 2003). «Les compressions toucheront surtout les sociétés d'État et l'aide aux entreprises culturelles» (*Le Devoir*, 14-15 juin 2003). «Un **salon*** sous compressions» (*Le Devoir*, 13 novembre 2003). VOIR ▶ **déficit zéro, gras, rationalisation** et **réingénierie**.

concept

Ne relève pas de la philosophie, mais du design ou simplement de la mode. *Restaurant concept. Cuisine concept.*

concertation

Rencontre* qui, avant un **débat***, fait en sorte qu'il n'y en aura pas. **VOIR ▶** audiences, carrefour, chantier, coalition, comité, commission, consensus, consultation, états généraux, festival, forum, groupe, partenaires sociaux, salon, sommet et table.

conditions gagnantes

POLITIQUE ☐ Comme la musique : avant toute chose. **VOIR ▶** A (plan ~), aile radicale, association, clarté, constitution, enclencher, forces vives, indépendance, modèle québécois, Môman, partition, plan B, purs et durs, référendum, séparatiste, souveraineté et table.

℗ 1. Pendant quelques mois, l'expression a paru disparaître du marché. Elle a fait un retour remarqué à la fin de l'été 2001. «Même l'horizon de 2005 [que le premier ministre] évoque, alors qu'un Québec **souverain*** participerait au prochain **Sommet*** des Amériques, est incertain puisqu'un **référendum*** n'aura lieu que si les conditions gagnantes sont réunies» (*Le Devoir*, 25-26 août 2001). 2. Elle paraît migrer dans le vocabulaire courant : «À vos pelles, c'est le temps de planter (bis) ! Gros plan sur les conditions gagnantes qui feront la différence» (*Le Devoir*, 18-19 août 2001). *Bouscotte. Les conditions gagnantes* (roman de Victor-Lévy Beaulieu, 2001). «[Il] ne fait pas de doute que les pédagogues peuvent créer des conditions gagnantes au chapitre de la motivation scolaire» (*Forum*, Université de Montréal, 17 septembre 2001). «L'avenir se bâtit sur des conditions gagnantes» (*Le Devoir*, 21-22 septembre 2002). «À Londres, personne ne croit que les "conditions" gagnantes d'un éventuel **référendum*** puissent être réunies avant de prochaines élections générales» (*Le Devoir*, 14-15 juin 2003). 3. Ça en prend plusieurs. Une ne suffit pas.

MODÈLES POUR UNE ÉVENTUELLE
question référendaire

Si jamais l'**indépendance*** redevient d'actualité et qu'un nouveau **référendum*** est tenu, la formulation de la question sera importante. Les auteurs ont voulu contribuer à ce nécessaire **débat***.

Question claire
Oui ou non ?

Question claire perdante
Voulez-vous que le Québec **quitte*** ?

Question claire gagnante
Ne voulez-vous pas que le Québec **quitte*** ?

Question claire *et* jeune
Yo*, tu veux-tu que le Québec **quitte***, **genre*** ?

Question gradualiste* dure
Le cas advenant que vous deviez répondre oui ou non, accepteriez-vous de donner un mandat au gouvernement de la province de Québec pour qu'il organise un **carrefour*** dont les résultats seront promus dans un **forum*** qui précédera la mise sur pied d'une **Commission*** spéciale sur l'avenir de la **nation***, laquelle réunira les de **souche***, les **pures laines***, les **partenaires*** et **intervenant(e)s*** sociau(e)x, les **ethnies***, les **communautés culturelles*** et les communautés non culturelles, les **allophones*** et les premières **nations***, afin d'accoucher d'un **consensus*** affirmatif qui sera entériné à l'unanimité par l'Assemblée nationale et, dès lors, enchâssé dans une **incontournable*** Constitution du Québec **souverain*** assortie d'une solennelle Déclaration d'**indépendance*** qui, à l'occasion des premiers **États généraux*** de la Nouvelle confédération, sera soumise au **ROC*** pour ratification obligatoire ?

Question gradualiste* molle
Le cas advenant que vous deviez répondre peut-être ou non, accepteriez-vous, **éventuellement***, de donner un mandat au gouvernement de la province de Québec pour qu'il prépare un **carrefour*** dont les idées seront discutées dans un **forum*** qui servira de base préliminaire à la mise sur pied d'une **Commission*** spéciale sur l'avenir de la Belle Province **canadienne-française***, laquelle réunira les de **souche***, les **pures laines***, les **partenaires*** et **intervenant(e)s*** sociau(e)x, les **ethnies***, les **communautés culturelles*** et les communautés non culturelles, les **allophones*** et les premières **nations***, afin de susciter un **consensus*** transitoire qui sera voté à la majorité **moins une*** voix par l'Assemblée nationale et, dès lors, enchâssé dans une provisoire Constitution du Québec associé assortie d'une brève mais solennelle Déclaration d'affirmation nationale qui, à l'occasion des premiers **États généraux*** de la possible Nouvelle confédération, sera mise sur la **table*** avec tout le reste?

Question à la manière de Pierre Falardeau
Bande de colonisés, allez-vous dire **yessssss***, **stie***?

Question étapiste
Acceptez-vous que le Québec s'assise à la **table*** avec le **ROC***?

Question très étapiste
Acceptez-vous que le Québec s'assise à la **table*** pour négocier le **suivi*** d'un accord d'**association***-**partenariat*** avec le **ROC***?

Question très très étapiste
Acceptez-vous que le Québec s'assise à la **table*** pour négocier le **suivi*** d'un accord de **concertation***-**partenariat*** avec le **ROC*** dans le **contexte*** de son **cheminement*** vers l'**association***-**souveraineté***?

confortable (être ~ avec)

Laisser faire. *Robert est confortable avec l'orientation sexuelle* de Céline.* VOIR ▸ estime, respecter et s'accepter.

Connaissant

VOIR ▸ Jos.

conscientiser

Avertir, sinon convaincre de force. VOIR ▸ sensibiliser.

conseiller en insolvabilité

Euphémisme délicat pour *syndic de faillite.*

consensus

1. Résultat d'un sondage majoritaire, hypothétique ou réel. *Le goût bourratif au goût* de la Torrieuse, y a un consensus sur ça au Québec. Que les Québécois y veulent plus parler de constitution*, c'est un consensus au Québec.* 2. Fruit d'une **concertation*** recherché par les **partenaires sociaux*** lors d'**audiences***, d'un **carrefour***, d'un **chantier***, des travaux d'un **comité*** ou d'une **commission***, d'une **consultation***, des **états généraux***, d'un **forum***, des **rencontres*** d'un **groupe-conseil***, d'un **groupe de discussion***, d'un **groupe de travail***, d'un **sommet***, d'une **table d'aménagement***, d'une **table de concertation***, d'une **table de convergence***, d'une **table de prévention***, d'une **table de suivi*** ou d'une **table ronde***, ou au sein d'une **coalition***. « Les sommets de n'importe quoi n'ont toujours eu qu'un seul et même objectif : dégager un consensus qui redonnera des couleurs au gouvernement » (*La Presse*, 19 février 2000). Postulé d'entrée de jeu lors d'un **festival*** ou d'un **salon***. VOIR ▸ suivi. 🅠 Il y en aurait dorénavant plusieurs. « Ottawa fait fi des consensus québécois » (*Le Devoir*, 1er février 2001).

consommer

Prendre de la drogue. *Depuis que'j bois d'la Torrieuse, j'ai plus de besoin* d'consommer.* « Je ne m'en souviens pas, je consommais dans ce temps-là » (*La Presse*, 2 mai 2001).

constitution

1. Celle du Canada a été rapatriée de Londres en 1982. Tout le monde n'est pas d'accord sur la méthode : les tenants de la **souve-raineté*** se sentent floués ; ceux du fédéralisme refusent de jouer le rôle des floueurs. Ça tient les politologues, politiciens et journa-listes occupés. 2. Pas encore ! On ne veut plus en entendre parler. VOIR ▶ A (**plan ~**), **aile radicale**, **association**, **clarté**, **conditions gagnantes**, **enclencher**, **forces vives**, **indépendance**, **modèle qué-bécois**, **Môman**, **partition**, **plan** B, **purs et durs**, **référendum**, **séparatiste**, **souveraineté** et **table**.

🎙 Doit se prononcer *constutution*.

consultant

Intervenant* bien payé, le plus souvent par un **décideur*** qui a de la **vision***.

consultation

Série de **rencontres***. Implique des **intervenants*** qui n'arrivent pas toujours à quelque chose de concret, d'où de sempiternels problèmes de **suivi***. « L'Office de consultation publique pourrait consulter de moins en moins » (*La Presse*, 3 décembre 2003). VOIR ▶ **audiences**, **carrefour**, **chantier**, **coalition**, **comité**, **commission**, **concertation**, **consensus**, **états généraux**, **festival**, **forum**, **groupe**, **partenaires sociaux**, **salon**, **sommet** et **table**.

contente

À l'origine, état de la *madame* selon la publicité des magasins Wal-Mart. « La madame n'est plus aussi contente… » (*La Presse*, 11 avril 2001) « La fille est contente » (une cycliste parlant d'elle-même, Radio-Canada, 14 août 2001).

contexte (dans un ~ de)

Désigne ce qu'une organisation, une entreprise ou un gouvernement veut à tout prix imposer. Fait passer ce qui est de l'ordre de la décision et du choix pour le résultat naturel d'un « contexte » **incontournable***. « Le colloque *Professeur d'université, un métier en mutation* fera le point sur les changements majeurs survenus dans le métier de professeur au cours de la dernière décennie dans un contexte d'utilisation des TIC » (colloque, avril 2002). « Il a tenté d'expliquer l'insistance avec laquelle le Parti québécois prône l'accession à la **souveraineté*** en évoquant le contexte de la **mondialisation*** » (*La Presse*, 1er avril 2003).

convergence

MÉDIAS □ Tout mène à tout, et réciproquement. « Est-ce ce qu'on appelle la convergence ? Dans mon temps, on appelait ça un piège à cons » (*La Presse*, 22 juin 2002). **VOIR** ▸ **arrimage, gagnant-gagnant, grappe, maillage, partenariat, PKP, réseautage, synergie, table** et **vision.** 🔍 Attention : convergence et divergence d'opinions ne font pas bon ménage.

convivialité

Sociabilité **tendance*** chaleur humaine. Affection obligatoire envers tout ce qui bouge. Suppose le tutoiement absolu. **VOIR** ▸ **chantier, toune, tu** et **vous.**

cool

État larvaire atone et bienfaisant typique de l'**ado***, du **flo*** ou du **jeune***. Le cool exclut l'**irritant*** et le **gossant***. Antonyme : **pression***. VOIR ▶ **hot**.

copine

Femme*, mais en plus solidaire. *Céline et ses copines s'encouragent pour atteindre leur poids santé**. ❶ *Fille* est également de bon aloi. *Céline est une fille qui a beaucoup de classe**.

cossins

Ça ne vaut pas grand-chose, mais il y en a généralement beaucoup. «Les *cossins* de madame Marois» (*La Presse*, 31 mars 2001). «Pour en finir avec les cossins…» (*La Presse*, 24 décembre 2001) «Divins cossins» (*Le Devoir*, 20 juin 2003). VOIR ▶ **dollar** (**magasin à un ~**).

côté (le ~)

Caractéristique. «L'ecstasy va t'amener le côté pureté dans tout» (*Ici*, 31 août 2000). «Le côté argentin d'André Melançon» (*La Presse*, 8 septembre 2000). «Le côté noir des femmes» (*La Presse*, 8 mars 2002). «Le côté sombre des nouvelles technologies» (*Le Devoir*, 6 mai 2002). «Le côté obscur de Wall Street» (*Le Devoir*, 15 septembre 2003). «Janine Sutto. Le côté méconnu» (publicité, 15 octobre 2003).

coupe (sentir la ~)

Archaïsme hockeyistique. Rappelle le temps où la **flanelle*** était sainte et les **glorieux*** glorieux. VOIR ▶ **cent dix pour cent**, **mental** et **puck**.

coupe à blanc

INDUSTRIE FORESTIÈRE ▫ Ne pas laisser une **souche*** derrière soi. VOIR ▶ **erreur**.

couple (vie de ~)

On parle de *vie de couple* pour qualifier les moments où deux bipèdes sexués n'existent que l'un par rapport à l'autre. Dans les cas de *vie de couple* les plus réussis, les deux individus ne disent plus jamais *je*, mais toujours *nous* **oubedon*** *on**. *Céline et moi, on croit à ça, la vie de couple.* **VOIR** ▸ échanger.

cour (pas dans ma ~)

Exiger que quelque chose soit **flushé*** avant même son arrivée : une entreprise polluante, les Jeux gais, des prédateurs sexuels, etc. « Pas de piste cyclable dans ma cour ! » (*La Presse*, 2 mai 2001) « Pas dans ma cour, bis ? » (*Voir*, 5 juillet 2001) « Pas de pauvres dans ma cour » (*Le Devoir*, 21 novembre 2002). 🔔 Disponible en version abrégée : « Dans la cour du voisin » (*Le Devoir*, 28 janvier 2003). Et en version des **régions*** : « Pas dans mon champ ! » (*La Presse*, 20 septembre 2002) Et en version **franco-française*** : « Pas dans mon jardin » (*Libération*, 26 décembre 2002). Et en version **US*** : « *Nimby / Not in my back yard* ». Et en version marine : « Pas dans mon port, le "bateau de la mort" ! » (*La Presse*, 2 novembre 2003)

couronnement

Élection tout ce qu'il y a de plus démocratique d'un candidat qui anéantit prédémocratiquement tous ses opposants. *Le couronnement de Jean Charest. Le couronnement de Lucien Bouchard. Le couronnement de Bernard Landry. Le couronnement de Paul Martin.* « Le PQ arrête la date du couronnement : le 3 mars » (*La Presse*, 28 janvier 2001). « Le scénario du couronnement est bien rodé » (*Le Devoir*,

29 janvier 2001). « Un pas de plus vers le couronnement » (*Le Devoir*, 20-21 septembre 2003).

cout'donc, coudon

Signe (exclamatif) d'une interrogation toute rhétorique, souvent doublée d'une exaspération molle. « Cout'donc, [Wade] Philips serait-il l'Alain Vigneault des Bills de Buffalo ? » (*La Presse*, 8 novembre 2000) « Coudon, les Expos ont vraiment une histoire à Montréal » (*La Presse*, 17 mai 2001). « Coudon, c'est **qui qui*** était en Australie ? » (*La Presse*, 11 mars 2003) ❶ Ne pas confondre avec **allons donc !***. VOIR ▶ **ben là**.

cramper en masse

Terme du lexique de l'automobile, désignant un mouvement viril du volant. Généralement suivi de l'expression *t'es beau*, signifiant que la voie est libre. *Allez Robert, crampe en masse, t'es beau.* VOIR ▶ **masse (en ~)**. ❶ *Figuré* : « **M'as*** cramper en masse / M'as m'tailler une place » (« Le bon **gars*** », chanson de Richard Desjardins).

créateur

Âme* d'élite qui s'exprime. VOIR ▶ **album**, **artiste**, **création (cours de ~)**, **écriture (appel de l'~)**, **exprimer (s'~)**, **faire**, **littéraire**, **livre**, **souveraineté** et **tripes**. ❶ Dans son œuvre, le créateur n'est pas trouvable, il est, comme il dit, « un autre » ; par contre, quand il s'exprime ailleurs que dans son œuvre et consent à se mêler au **public***, le créateur est immédiatement là et ne prend jamais la parole autrement qu'**en tant que*** créateur.

création (cours de ~)

Expression universitaire qui, à la suite d'une pluie d'aphérèses, a remplacé dans les programmes l'ancienne et désuète « cour de récréation ».

VOIR ▸ âme, créateur, écriture (appel de l'~), littéraire, livre, souveraineté et **tripes**.

Creton

TÉLÉVISION ◻ Personnage de la série télévisée *La petite vie*. **Gnochonne*** bardée de rose **fluo***. «Josée Deschênes: l'après-Creton» (*La Presse*, 10 août 2000). **VOIR** ▸ **dinde, Môman, Pôpa** et **vidange**.

creux (en ~)

CRITIQUE LITTÉRAIRE ◻ Que le **créateur***, bien que **souverain***, a voulu dire sans l'écrire, sinon contre son gré. *Ce qui se donne à lire là, en creux, dans le pli de l'écriture.* **VOIR** ▸ **littéraire**. 🔌 C'est une qualité.

croissance

1. **ÉCONOMIE** ◻ Pour un **néolibéral***, elle serait sans fin, histoire que les **retombées*** ne cessent de monter, que les **joueurs*** jouent à qui mieux mieux, que les **plans de match*** soient respectés, que la nouvelle **économie*** bouffe l'ancienne à grandes bouchées de **savoir***, que les **partenariats*** se **tricotent serrés*** dans les **arrimages***, **convergences***, **grappes***, **maillages*** et autres **réseautages*** de la **synergie***, tout cela grâce à une saine **déréglementation***. Mais alors, comment expliquer **déficits*** non zéro et **sous-financements*** **chroniques***? **VOIR** ▸ **gagnant-gagnant, gras, virage à droite** et **vision**.
2. **PSYCHOLOGIE** ◻ Cette croissance-là est personnelle. «Vacances croissance» (publicité d'un *bed and breakfast* situé au Bic, juillet 2000). «L'Université de Napierville donne aussi des cours de croissance personnelle» (*La Presse*, 30 septembre 2003). **VOIR** ▸ **bonheur, chercher, enfant, feng shui, grandir, irritant, nouvel âge, pensée magique, quotidien, ressourcer (se ~), s'investir** et **vécu**.

crowd

SUBSTANTIF FÉMININ □ Bande. *Les **autochtones*** / **allophones*** / *Québécois de **souche***, c'est pas ma crowd.*

culottes (mettre ses ~)

Prendre ses **responsabilités***, être **proactif***. *Dans le dossier de la Torrieuse, le gouvernement doit mettre ses culottes.*

culte

Œuvre **incontournable*** pour celui qui la loue. Il est souhaitable d'être le premier à dire d'une œuvre qu'elle est *culte*. Cela fait très **tendance***. « "I've Seen It All", par exemple, son duo sur fond trip-hop avec Thom Yorke (Radiohead), est une ballade poignante avec des arrangements de cordes mélodramatiques qui est étampée chanson-culte » (*Le Soleil*, 30 septembre 2000). **VOIR** ▸ **classique**.
🅐 S'étend à tous les domaines. « Le bassiste-culte » (*La Presse*, 2 août 2001). « Body Glove surfe sur la vague **rétro*** et réédite son maillot-culte en néoprène » (*La Presse*, 17 juin 2003).
🅐 Ne dites ni *C'est un film pour adultes culte* ni *C'est un film de cul culte* ; l'euphonie en souffrirait. Dis plutôt : *C'est un film porno culte.*

culture d'entreprise

À-plat-ventrisme obligatoire. « Il inspire une réflexion stratégique sur l'entreprise et son organisation, ce qui nécessite souvent une nouvelle culture d'entreprise et la **réingénierie*** des **processus*** de travail » (*Info•Tech*, septembre 2000).

dame

Un **Français de France*** dira « Bonjour, ma petite dame » et survivra ; on le trouvera poli. Un Québécois, au contraire, se doit de trouver toutes les dames grandes, s'il veut ne s'attirer les foudres de personne. *La grande dame de la chanson / de la* **poutine*** / *du théâtre / de la Torrieuse / du cinéma.* « J'ai pas envie d'entendre dire que Marie Laberge est une grande dame » (Catherine Mavrikakis, *Ça va aller*, 2002).

Dandurand, Raoul

VOIR ▸ expert.

dans l'ordre habituel

Toutes les photos se prennent *dans l'ordre habituel.* C'est pourtant plus long que de dire *de gauche à droite.* VOIR ▸ **longue maladie.**

danse-contact

Dans certains lieux de débauche, permission donnée au client (VOIR ▸ **boss**) de toucher qui se déhanche devant lui. Selon le juge qui tranche, légale ou pas. Aussi appelée *danse à 10 $* ou *danse à dix.* « Les gens […] veulent la réalité et ils boudent la lutte et ses simulacres comme ils se détournent des danses traditionnelles au profit des danses à 10 $ » (*Ici*, 1ᵉʳ juin 2000). 🅠 Ne pas confondre avec *place à 5 $* ; VOIR ▸ **garderie**.

dash (fesser dans le ~)

Taper **pas à peu près***. Superlatif de *fesser*. « Avec ses scènes de sexe explicites et ses meurtres carabinés, cette espèce de *Thelma & Louise* version *hardcore*, qui se situe entre *road movie* sanguinolent et film de cul **trash***-qui-fesse-dans-le-dash, est à déconseiller aux âmes sensibles » (*La Presse*, 15 septembre 2000).

date-butoir

Terme de baseball. Sans cesse la reporter. « Trente-sept rumeurs publiées dans les grands organes d'information scientifique de la nation, toutes niées, puis 25 dates-butoirs, toutes butées » (*Le Devoir*, 20-21 janvier 2001). « La date butoir, les propriétaires du sport professionnel adorent les dates butoirs, a été fixée à mai 2001 » (*Le Devoir*, 30-31 décembre 2000). VOIR ▸ **livre**, **retombées**, **stade** et **vente de feu**. 🅠 S'internationalise. « Les dates butoirs contre l'Irak ressemblent de plus en plus à celles contre les Expos » (*La Presse*, 21 février 2003).

dealer avec

Apprendre à **vivre*** avec quelque chose qui a le **potentiel*** de devenir un **irritant***, s'il ne l'est pas déjà. *J'ai beaucoup consommé* pendant ma vie ; il faut que je deale avec ça.* VOIR ▸ **bras**.

🌐 Se prononce *dillé*. Ne pas confondre ce verbe avec le substantif utilisé par les **Français de France*** et qui désigne le revendeur de drogue (prononcé *dileur*) ; les Québécois de **souche*** lui préfèrent *pusher* (prononcé *pou-sheur*).

débarque (prendre une ~)

Subir un **échec*** ou être déçu. « Si l'on compare avec *Star Trek* ou *Le prisonnier*, on vient de prendre une **méchante*** débarque » (*Le Devoir*, 12 septembre 2000). Le substantif peut s'employer seul : « **Méchante*** débarque » (*Le Soleil*, 8 novembre 2003). VOIR ▸ **claque** et **ramasser.**

débat(s)

Les **intellectuels*** organisent de très nombreux débats dont la conclusion est qu'il n'y a jamais de débat(s) au Québec. Légitime frustration. « Le Canada doit s'offrir un débat d'idées » (*La Presse*, 13 septembre 2000). « Enfin un débat d'idées ! » (*Le Devoir*, 14 mars 2003) 🔇 On voit parfois *débat(s) de société*. Il n'y en a pas non plus. « Pour un vrai débat de société ! » (*Le Devoir*, 17 juin 2002) « La promesse de l'ADQ : pour un vrai débat de société » (*Le Devoir*, 6 août 2002). VOIR ▸ **choix.**

débile

1. Très très bien. « Carrément débile / Complètement la Ronde » (publicité). VOIR ▸ **capoter, extrême, full, hyper, masse (en ~), max, méchant, méga, moyen, os (à l'~), pas à peu près, phat, planche (à ~), super, torcher** et **über.** 2. Pas bien du tout. *Le flo*** de Robert est débile.*

décéder

Euphémisme délicat pour *mourir*. « En faisant ce geste courageux, d'une belle arrogance, l'un [des personnages du roman] chute et décède » (*Le Devoir*, 31 janvier 1998). VOIR ▸ **aînés, autonomie (perte d'~), disparu, éteindre (s'~), longue maladie, soins palliatifs, thanatologue** et **vieillissement de la population.**

décideur

Patron qui a fini de consulter. **VOIR** ▸ **consultant**.

décoiffer, décoiffant

Qui bouscule. Nouveau, en plus **tendance***. « Il y avait quelque chose de neuf, de frais et de décoiffant dans leur **démarche*** » (*La Presse*, 1er février 2001). « Avouez que ça décoiffe **pas à peu près***, une entrée en matière semblable » (*Le Devoir*, 13 février 2001). « C'est que l'autonomie devient parfois un **concept*** bien décoiffant » (*La Presse*, 3 mars 2001). « Une saison française décoiffante » (*La Presse*, 2 mai 2001). « Des coiffures qui décoiffent » (*La Presse*, 9 avril 2002). « Décoiffante **performance*** » (*La Presse*, 18 juillet 2002). « Des propositions "décoiffantes" en vue des prochaines élections » (*La Presse*, 1er décembre 2002). « Le techno décoiffe aussi » (*La Presse*, 20 mai 2003). « Un 10e FTA décoiffant » (*La Presse*, 10 juin 2003). ❶ 1. Synonyme probable de *décapant*. 2. Se trouve aussi en version bouclée : « Ça défrise » (*Le Devoir*, 25 novembre 2002).

décrochage, décrocheur

Trait distinctif de la **société distincte***. Nombre d'**élèves*** québécois ne terminent pas leur cours secondaire ; ils décrochent. Essayer de les raccrocher après. « 51 % des élèves réintégrés décrochent de nouveau. Les mesures mises en place pour contrer le décrochage scolaire sont insuffisantes, conclut une étude » (*Le Devoir*, 26-27 mai 2001). **VOIR** ▸ **apprenant**, **échec**, **étudiant**, **filles**, **garçons**, **jeune**, **pédagocratie**, **réussite**, **s'apprenant**, **s'éducant**, **transversales** (**compétences ~**) et **zéro**.

défi

Les rechercher, les relever, le dire, en **beurrer*** épais. *Le français, un défi* (Michel David, 2001) ; VOIR ▶ **d'ici**. Le Défi déchets de la ville de Montréal et « Le défi du **recyclage** » (*La Presse*, 30 octobre 2001) ; VOIR ▶ **vidange**. « Le Centre des sciences de Montréal au Vieux-Port de Montréal vous invite à relever le Défi-Forêt » (*La Presse*, 15 mai 2001) ; VOIR ▶ **erreur**. « Tout un défi, faire parler les hommes de leurs problèmes d'érection durant une montée spectaculaire de Mario Lemieux ! » (*Le Journal de Montréal*, 10 avril 2001) ; VOIR ▶ **aide maritale**. « Il sera plus difficile de relever des défis comme le **vieillissement de la population*** » (*Le Devoir*, 1ᵉʳ mai 2001) ; VOIR ▶ **aînés**. « Venez célébrer le défi **extrême*** » (*La Presse*, 8 octobre 2002). Défi emploi Drummond ; VOIR ▶ **assurance-chômage, assurance-emploi, employabilité** et **prestataire de l'assurance-emploi**. « Un nouveau défi pour l'unité de la gauche québécoise » (*Le Devoir*, 25 novembre 2003) ; VOIR ▶ **gauchistes**.

déficit zéro

Délire monomaniaque contagieux. 2001 : rémission. 2003 : crise aiguë. VOIR ▶ **chronique, rationalisation, santé, sous-traitance** et **vache**.

définitivement

MÉDIAS et SPORTS □ Oui*. VOIR ▶ **absolument, certain, effectivement, exact, le faut, mets-en, radical, sérieux, tout à fait** et **yessssss**.

défusion

VOIR ▶ p. 64.

 **PERROQUET DE BRONZE**

défusion

Drame qui secoue en 2003-2004 la politique municipale à Montréal, dans la **vieille capitale***, dans le **450*** et dans les **régions***. Vaut-il mieux être pauvres et regroupés que riches et séparés, ou vice versa ? Quel est le plus beau slogan : « Une île une ville » ou « Défusion = Confusion » ?

Pour que ça fasse moins mal, on lui préfère parfois des synonymes mous. *Adhésion** : « nous sommes passés cette semaine, dans une espèce de Kama Sutra municipal, d'une position de "défusion" à une position d'"adhésion" » (*Le Devoir*, 17-18 mai 2003). *Réorganisation* : Loi relative à des propositions de réorganisation administrative de certaines municipalités et modifiant diverses dispositions législatives (2003). *Décentralisation* et *déconcentration* (un premier ministre du Québec, *Le Devoir*, 4 juin 2003).

On va même jusqu'à la fusion des mots : « L'affaire de la défusion-décentralisation est en train de devenir franchement comique » (*La Presse*, 16 mai 2003) ; « Tout à fait d'accord à ce que le maire Tremblay soit plus combatif en ce qui concerne la fusion-défusion de notre ville » (*La Presse*, 12 juin 2003).

Le mot a beaucoup enfanté : « Les "défusionnées" devront compenser la grande ville » (*La Presse*, 10 novembre 2001) ; « Les Américains sont en train de défusionner Bagdad » (*La Presse*, 6 avril 2003) ; « Les défusionnistes sont prêts ! » (*La Presse*, 16 avril 2003) ; « La lancinante question défusionnelle, bien sûr, qui touche presque à la métaphysique » (*La Presse*, 12 mai 2003) ; « Le cul-de-sac du "défusionnisme" » (*Le Devoir*, 4 juin 2003).

VOIR ▸ **arrondissement**, **fusion**, **mégaville** et **partition**.

démarche

Sorte de **cheminement***, encore que moins **cool***. VOIR ▸ **choix** et
vivre.

démunis (les ~)

Ceux qui ont perdu ce qu'ils n'ont jamais eu. « Les plus démunis
n'ont rien à gagner de la réorganisation municipale » (*Le Devoir*,
18 octobre 2000). « Le directeur général **quitte*** pour **œuvrer***
auprès des démunis » (*Le Devoir*, 17 septembre 2002). VOIR ▸ **aide
sociale**, **bs**, **mal pris (les plus ~)** et **prestataire de la sécurité du
revenu**. ❶ N'existe qu'au pluriel.

déréglementation

Ritournelle **néolibérale***. *Déréglementez, déréglementez, déréglementez ; il restera bien quelque chose.* VOIR ▸ **réingénierie**.

destroy

Terme de mode qui désigne un vêtement déchiré mais griffé.
« Maintenant que les designers de renom lui ont donné leur approbation, la mode *destroy* a vraiment sa place dans la garde-robe des
itinérantes* de luxe qui vivent une vie sans frontières » (*La Presse*,
21 août 2001). Antonyme : **vintage***. VOIR ▸ **trash**.

détruit

1. Se porter mal. *J'ai trop consommé* * *hier ; je suis détruit.* VOIR ▸ **nul**.
2. Avoir raté. *J'ai détruit mon examen.* Par contagion avec l'anglo-
américain *destroy**. A remplacé **muffé***.

deux

1. ~ *plus un.* RESTAURATION ▢ Manger une pizza est impossible.
Par contre, il est presque inévitable d'en manger deux si on en

commande une. De plus, à cette dualité obligatoire de la pizza s'ajoute immarcesciblement un **plus un*** qui concerne le plus souvent une boisson non alcoolisée, bien sucrée, noyée dans une débâcle de minuscules icebergs, d'où l'expression courante : **un deux plus un**. Le terme **trio*** remplace parfois cette expression, mais est désormais menacé lui aussi d'extension : **un trio plus un**. Ne rien y voir de sexuel. 2. *Être aux ~*. À voile et à vapeur. VOIR ▶ **orientation sexuelle**. 3. *~ de pique*. Personne pas douée **pas à peu près***. « L'autre gardien n'était pas un deux de pique lui non plus » (François Gravel, *Le match des étoiles*, 1996). « La CPTAQ : des deux-de-pique au service du capital ? » (*Le Devoir*, 25 juillet 2001) « Une **estie*** de descente de deux de pique » (un skieur **full*** **fru***, Radio-Canada, 12 février 2002). « Les détenus de Guantanamo : des "2 d'pique" ? » (*La Presse*, 19 août 2002) VOIR ▶ **attitude**, **épais**, **gnochon**, **gueurlo**, **insignifiant**, **moron**, **nono**, **snôro**, **tarla**, **toton** et **twit**.

développement durable

ENVIRONNEMENT □ Se demander ce que serait un *développement momentané*.

devoirs

1. *Faire ses ~*. Contribution exigée des concepteurs d'un projet. *Les souverainistes* n'ont pas fait leurs devoirs, disent les fédéralistes.* 2. *Refaire ses ~*. Renvoi des concepteurs d'un projet à leur **table***. *Les fédéralistes invitent les souverainistes* à refaire leurs devoirs.*

dialogue

Comment ne pas être pour, même si on ne s'entend pas ? « Début de dialogue entre les Cris et Hydro » (*Le Devoir*, 15 août 2000). VOIR ▶ **autochtone**, **blanc** et **nations** (**premières ~**).

PETIT DIALOGUE À L'USAGE DES
communicatrices
et des créateurs

La langue décrite dans ce dictionnaire est souvent celle des médias. Illustration.

LA COMMUNICATRICE. – Bienvenue messieurs ! On parle d'un volume écrit à deux !

LES CRÉATEURS. – Tout à fait.

LA COMMUNICATRICE. – Dites-moi : quel a été ton cheminement ?

LES CRÉATEURS. – Écoutez. Ça l'a été un défi extrême, au niveau de notre synergie. En termes d'échange, il a fallu faire des efforts pas à peu près.

LA COMMUNICATRICE. – C'est vrai ? Vous avez dû l'écrire avec vos tripes !

LES CRÉATEURS. – Effectivement. Quand on a embarqué dans notre démarche, on a voulu aller chercher quelque chose quelque part, mais on en a parfois arraché.

LA COMMUNICATRICE. – Certain ?

LES CRÉATEURS. – Exact ! Tu vois, il fallait qu'on travaille notre dialogue et qu'on reste focussés. On n'a pas toujours eu nécessairement toute la patience qu'on aurait eu de besoin de. On a quand même été grandis par ce vécu-là.

LA COMMUNICATRICE. – Est-ce que c'est un livre qui se veut sérieux ?

LES CRÉATEURS. – Définitivement. En tant que créateurs, c'est à ça qu'on œuvre. On a donné notre cent dix pour cent.

LA COMMUNICATRICE. – C'est donc un tome à saveur instructive ?

LES CRÉATEURS. – Mets-en. On espère sensibiliser toutes sortes d'intervenants dans la réalité de leur vie. Et faire des sous, au niveau des retombées.

LA COMMUNICATRICE. – Je peux-tu vous poser une question personnelle ?

LES CRÉATEURS. – Absolument.

LA COMMUNICATRICE. – C'est qui qui a eu l'idée de l'ouvrage ?

LES CRÉATEURS, *ensemble*. – Moi ! Moi !

LA COMMUNICATRICE. – Hé ! C'est l'enfer ! Vous vous exprimez tous les deux en même temps ! Vous devriez avoir plus d'estime de vous ! Sinon, vous allez faire des fous de vous autres !

LES CRÉATEURS. – Vire pas full fru, la fluo. Y a rien là. Es-tu stressée ? Respire par le nez.

LA COMMUNICATRICE. – Espèce de gnochons ! C'est moi qui pose les questions ici !

LES CRÉATEURS. – T'a été répond, aussi.

LA COMMUNICATRICE. – Vous êtes des morons rares ! Je vais vous flusher, si ça continue !

LES CRÉATEURS. – Quossé qu'tu penses que ça nous fait ? On allait quitter de toute façon.

LA COMMUNICATRICE. – Vous ne respectez pas mon public !

LES CRÉATEURS. – C'est pas mal broche à foin, ta ligne ouverte. Y a des méchants irritants. C'est de l'improvisation, m'as t'dire.

LA COMMUNICATRICE. – Non ! C'est un classique culte incontournable ! Si vous continuez, je vais arrêter les débats !

LES CRÉATEURS. – C'est quoi ton problème ?

LA COMMUNICATRICE. – Attention : je vais tirer la plogue ! Comment ça se fait que vous êtes tarlas comme ça ?

LES CRÉATEURS. – Prends-le pas personnel : on est des bonnes personnes.

LA COMMUNICATRICE. – Vous m'avez mis trop de pression ! Je ne suis plus capable de performer !

LES CRÉATEURS. – Sérieux ? Ben là, c'est ça qui est ça !

d'ici

1. *Être* ~. Être de la **souche*** ou s'en rapprocher. *Ils sont maintenant d'ici!* (Ministère des Relations avec les citoyens et de l'Immigration, 2000). « Toutes les chansons étaient d'ici, chantées aussi bien par des Québécois foncés comme Luck Mervill et Mélanie Renaud, et les **purs-laine*** comme Sylvain Cossette » (*La Presse*, 25 juin 2003). 2. *Langue* ~. Parler bien de chez nous. « De nombreux anglicismes font tellement partie des mœurs qu'on pourrait peut-être estimer qu'ils méritent d'être incorporés à la langue d'ici » (*Terminogramme*, printemps 2001). **VOIR** ▶ tous les mots du présent ouvrage. 3. *Gens* ~. **VOIR** ▶ gens.

différent

1. *Péjoratif*, quand il désigne une personne. *Si la fille de Céline épouse un* **gars*** **grave*** *ou* **spécial***, *ça peut toujours aller ; un gars différent, ce sera plus grave.* 2. *Péjoratif* itou, quand il désigne une chose ou un comportement. *La Torrieuse, est différente. La façon d'élever son* **enfant*** *de Robert est différente.* 3. *Péjoratif* encore, quand précédé de *c'est. Quitter le* **Plateau*** *pour vivre dans le* **450***, *c'est différent.*

dinde

1. **RELIGION** ☐ Annonce la Bonne Nouvelle. 2. **TÉLÉVISION** ☐ Personnage de la série télévisée *La petite vie.* **VOIR** ▶ **Creton**, **Môman**, **Pôpa** et **vidange**.

dirais que (je ~)

1. Verbe qui retarde le moment de dire, comme **parler de*** retarde le moment de parler. « Pour ne parler que du premier de ces boucs émissaires, je dirais qu'il est inutile de s'en prendre aux journalistes »

(*Terminogramme*, printemps 2001). 2. Verbe introducteur des **communicateurs***. *Écoutez*, je vous dirais qu'on **parle de*** quelque chose de **majeur***.

dire (j'veux rien ~, mais)

Forme achevée de la prétérition : celui qui *veut rien dire, mais* s'apprête évidemment à le dire. *J'veux rien dire, mais la Torrieuse est bonne rare*. VOIR ▶ **plate** (c'est ~ à dire, mais).

disparu

Il n'y a plus de *morts* ; il n'y a que des *disparus*. VOIR ▶ **décéder, éteindre** (s'~), **longue maladie** et **thanatologue**.

DJ

Passeur d'**albums***. VOIR ▶ **artiste, CD, fusion, public** et **toune**.
🔊 Prononcez *di-djé*.

dollar (magasin à un ~)

Forme québécoise du souk. Chaque marchandise y serait à 99 cents s'il était possible d'en acheter un seul exemplaire, mais elle n'y est en vente qu'en lots de cent ou, du moins, faut-il en acheter cent pour en trouver un qui ne s'autodétruit pas immédiatement. Synonyme : *Dollorama*. VOIR ▶ **cossins**.

dommages collatéraux

MÉDIAS ☐ Euphémisme délicat pour *civils morts à la suite d'une agression militaire*. L'armée n'est nullement responsable ! Ce sont ces civils qui vivaient bêtement à côté de la cible que le missile devait atteindre selon le **plan de match*** prévu. VOIR ▶ **feuille de route**.
🔊 1. Aussi utile en 2003 qu'en 2001. 2. Prend de l'expansion : « "Dommages collatéraux" dans l'industrie du disque et du spectacle »

(*La Presse*, 10 octobre 2001). *L'équité salariale* et autres dérives et dommages collatéraux du féminisme au Québec* (André Gélinas, 2002). « Les "dommages collatéraux" de l'échec de l'Accord multilatéral sur l'investissement » (*Le Devoir*, 26 novembre 2003).

dont

Pronom relatif typique du snobisme des **Français de France***. Lui préférer **que**, plus vif et plus précis. *Le livre que j'ai photocopié deux pages. Le livre que j'ai de **besoin***.*

douteux

Qui a bel et bien eu lieu, mais dont on estime qu'il n'aurait pas dû avoir lieu. « **Sauf que*** le Canadien perdait 3 à 1, et que sur les trois buts accordés par Théodore, deux étaient douteux » (*La Presse*, 20 février 2001). « Accusation douteuse. Le KKK implanté à Prince George ? » (*Le Devoir*, 23 mars 2001) « [Les] deux bandes avaient passé le match à enchaîner les coups douteux » (*La Presse*, 24 août 2001). « Un incendie douteux fait une victime » (*La Presse*, 14 août 2002). VOIR ▸ réalité.

drabe, drabbe

Plat, ennuyeux, beige. « Lors de son lancement à l'été 1997, l'Intrigue a impressionné par sa conduite précise, sa tenue en virage supérieure à la moyenne ainsi que par un agencement intérieur moins drabbe que celui de la plupart des berlines de GM » (*La Presse*, 2 août 1999). « Cela fait dire à l'éditeur Jacques Lanctôt, qui occupe un stand indépendant, que "le **salon*** est très drabe cette année" » (*Le Soleil*, 19 mars 2001).

droite

VOIR ▸ néolibéral, VDFR et **virage à droite**.

TROIS RÈGLES GRAMMATICALES
indispensables

Les Québécois ont des rapports parfois un tantinet difficiles avec la grammaire. Fidèles à leur volonté d'éclairer la **nation***, les auteurs ont regroupé ci-dessous trois règles faciles à (ne pas) suivre.

Genre

Il n'est pas possible d'édicter des règles parfaitement applicables en ce domaine. Voilà pourquoi trois **balises*** suffiront. Le féminin désigne le plus habituellement les moyens de locomotion – *une* autobus, *une* ascenseur, *une* escalier *roulante*, *une* avion –, les phénomènes liés au temps – *une* orage, *une* imperméable – et les questions de **motton*** – l'argent *américaine*. Exception : *un* ambulance.

Nombre

Par souci d'économie (**VOIR** ▶ **pronoms personnels**), le singulier est souvent préférable au pluriel, même pour les choses qui viennent par paire : *se peigner le* **cheveu***, *avoir un beau petit* **pied***, *coûter un* **bras***.

D'autres expressions, en revanche, n'existent qu'au pluriel. **VOIR** ▶ **argents, baies James, balises, civières, conditions gagnantes, culottes (mettre ses ~), démunis (les ~), devoirs, facultés, fondements, intérêts historiques du Québec, jambes (poil des ~), mains (faire dans les ~), mal pris (les plus ~), nations (premières ~), orphelins, régions, retombées, sous, transversales (compétences ~), tripes** et **zoutils**.

Pronoms personnels

C'est à cet égard que les choses sont les plus poétiques dans la langue parlée au Québec : l'éternelle crise identitaire se manifeste jusque là. Chers lecteurs, vois. *Je.* Quand la **Révolution tranquille*** battait son plein, il était de bon ton de souligner que les **nations*** colonisées étaient pleines de gens qui n'arrivaient pas à s'affirmer : ils ne savaient pas dire *je*. C'est réglé. On est en fait tombé dans l'excès inverse : «Attention, je recule souvent» (inscription à l'arrière d'un camion de **vidange***) ; «Je suis temporairement en panne» (panneau sur un guichet automatique). *Tu.* 1. Les conjugaisons **stressent*** souvent les **apprenants***. C'est pourquoi il est devenu courant de n'apprendre que les verbes à la deuxième personne du singulier ; on fait l'économie du pluriel. *Tu es prêt, le groupe ?* 2. La répétition de ce pronom sert à marquer l'insistance. «Tu m'aimes-tu ?» (chanson de Richard Desjardins). *Il.* **VOIR** ▸ y. *Elle.* Opportunément remplaçable par *a. Céline, a chante fort. Nous.* Le plus généralement remplacé par *on*, notamment dans la vie de **couple***. Autre économie de conjugaison. *Vous.* Pronom élitiste*. **VOIR** ▸ tu et on. *Ils.* **VOIR** ▸ y. *Y.* Pronom universel qui exclut la personne qui parle. *Le monde*, y sont malades. Y est beau, ce gars*-là. On.* Pronom universel qui inclut la personne qui parle. *Au Québec, on est malades. On est beau comme couple*. On travaille aux Affaires intergouvernementales.* «Une chance qu'on s'a» (chanson de Jean-Pierre Ferland). Exception : à la forme interrogative, *on* désigne la deuxième personne, du singulier comme du pluriel. *On veut un gratteux* avec ça* ?*

N.B. La confusion identitaire est aussi saisissable dans les adjectifs et pronoms possessifs : «Attention à nos enfants, ça pourrait être le vôtre» (panneau routier beaucoup utilisé dans le **450*** et les **régions***).

écartade

Incartade de nature sexuelle.

échanger

1. **VIE AMOUREUSE** □ Laisser sortir ses émotions. *Robert et Céline échangent beaucoup dans leur vie de* **couple***. « Et si ce couple qui s'aime et échange tendrement avec ses enfants respirait une rare authenticité ? » (*Le Droit*, 22 septembre 2001) 2. **VIE PRATIQUE** □ Parler. **VOIR ►** **asseoir** (s'~) et **café**.

échec

1. **ÉCOLE** □ **Réussite*** différée. 2. *Taxe à l'~*. **CÉGEP** □ Obstacle dans le **cheminement*** de l'**apprenant*** : s'il a échoué trop souvent le même cours, il doit donner plus de **sous*** que les autres pour le reprendre. Le ministère de l'Éducation parle de *droits spéciaux*, les cégépiens de *taxe à l'échec*. « La "taxe à l'échec" n'a pas de succès » (*Le Devoir*, 11 janvier 2001). « L'échec de la taxe à l'échec » (*La Presse*, 6 octobre 2001). 🔔 Créer une taxe à la **réussite*** pourrait servir à financer la taxe à l'échec. **VOIR ►** **décrochage, élève, étudiant, filles, garçons, jeune, pédagocratie, s'apprenant, s'éducant, transversales (compétences ~)** et **zéro**.

écœurant

MÉLIORATIF □ Très très bien. Presque toujours suivi du point d'exclamation. *La Torrieuse? A* est écœurante!* «[Les] photos sont écœurantes» (*La Presse*, 10 août 2001). **VOIR** ▸ **ayoye**, **cool** et **hot**.

🌀 Se prononce souvent *é–cœu–rant*, avec trois accents toniques.

économie

Préférer *la nouvelle* à *l'ancienne*, malgré ses déboires. «Nouvelle déroute de la "nouvelle économie"» (*Le Devoir*, 4 avril 2000). «Un jour, nous découvrirons que l'an I de la nouvelle économie a démarré avec l'achat de Time-Warner par AOL. Nous constaterons alors que c'est ce jour-là que nous avons tous basculé dans une nouvelle société, une société du **savoir***, gérée par de nouvelles règles : **mondialisation***, alliances, technopoles, etc.» (*La Presse*, 1ᵉʳ avril 2000) **VOIR** ▸ **intégration** et **libre-échange**.

écoutez

Forme orale de ponctuation. *Écoutez, Monsieur Chose* ; ce n'est pas ce que j'ai voulu dire.* **VOIR** ▸ **comment ça se fait que… ?**, **ouvertes (lignes ~ radiophoniques)** et **programme (félicitations pour votre beau ~)**.

écriture (appel de l'~)

Vocation, croyance, absolu. *J'ai senti en moi l'appel de l'écriture.* **VOIR** ▸ **âme**, **créateur**, **exprimer (s'~)**, **littéraire**, **livre**, **souveraineté** et **tripes**.

effectivement

MÉDIAS □ Oui*. **VOIR** ▸ **absolument**, **certain**, **définitivement**, **exact**, **le faut**, **mets-en**, **radical**, **sérieux**, **tout à fait** et **yesssss**.

efficient

Plus efficace qu'efficace. « Ce **processus*** est-il efficace et efficient ? Est-ce qu'on a les bonnes **compétences*** ? » (*La Presse*, 15 décembre 2003) VOIR ▸ **excellence.**

élève

Terme **élitiste***. Tout **apprenant*** québécois est dorénavant un **étudiant***. VOIR ▸ **décrochage, échec, filles, garçons, jeune, pédagocratie, réussite, s'apprenant, s'éducant, transversales (compétences ~)** et **zéro.**

élitiste

À employer comme insulte envers quelqu'un qui considère que la culture populaire n'est pas tout. *Y a dit que Céline c'était de la marde ; c'est rien qu'un élitiste. Y aime pas la Torrieuse ; un autre maudit élitiste.* VOIR ▸ **franco-français, intellectuel, songé** et **vraie vie.**

elle

VOIR ▸ **a.**

embarquer

ÉDUCATION □ Désigne le moment de la prise de parole dans un exposé. *Je vais embarquer avec le début de mon texte.* VOIR ▸ **enclencher.**

empanada

Bouffe ci-devant ethnique. « L'empanada-hostie devient le sang et le verbe du futur adulte québécois qui pourra reconnaître l'autre, le "manger", l'assimiler, perdant ainsi son centre sans toutefois se perdre. Le cœur est sauf. Et le cerveau aussi » (*La Presse*, 4 juillet 1989). VOIR ▸ **allophone, chinois (pâté ~), communautés culturelles, ethnie, fusion, général Tao, minorité visible, poutine** et **souche.**

employabilité

Essence du chômeur. « Mis sur pied à la suite du **sommet*** de la jeunesse, le programme vise l'acquisition d'habiletés professionnelles et le développement de l'employabilité » (*Forum*, Université de Montréal, 9 avril 2001). **VOIR** ► assurance-chômage, assurance-emploi et prestataire de l'assurance-emploi.

enclencher

1. Commencer un propos ou changer de thème à l'intérieur d'un propos. *J'enclenche sur le bébé de Céline ?* **VOIR** ► embarquer.
2. **POLITIQUE** ☐ A quelque chose à voir avec les **référendums*** sur l'indépendance du Québec. Personne ne sait plus de quoi il s'agit. **VOIR** ► A (plan ~), aile radicale, association, clarté, conditions gagnantes, constitution, forces vives, indépendance, Môman, partition, plan B, purs et durs, séparatiste, souveraineté et table.
🔱 Ne pas confondre avec **clencher***. **VOIR** ► processus.

enfant

1. À l'extérieur, il n'y en a plus. **VOIR** ► ado, aidant naturel, ami, boomerang (enfant ~), famille dysfonctionnelle, flo, jeune,

Môman et **monoparental**. 2. À l'intérieur, tout le monde en aurait un. « Prendre soin de mon enfant intérieur » (*Le Devoir*, 10 septembre 2001). **VOIR** ► bonheur, chercher, croissance, feng shui, grandir, irritant, nouvel âge, pensée magique, quotidien, ressourcer (se ~), s'investir et vécu.

enfer (c'est l'~ !)

Cri du cœur et de mécontentement. Toujours suivi d'un point d'exclamation. Ne témoigne pas d'une permanence de la **religion***

dans les esprits québécois. *Toutes les petites filles à la **garderie*** s'appellent Céline ; c'est l'enfer ! L'enfer, c'est nous autres* (émission télévisée populaire dans l'ancien temps).

énoncé

Variante, prononcée à haute voix, de la **feuille de route*** ou du **plan de match***. *Énoncé de politique.* « Charest exige un énoncé économique » (*Le Devoir*, 10 octobre 2001).

enseignant

CÉGEP ☐ Serait meilleur que *professeur*, quasi disparu de l'usage, peut-être par parallélisme avec **apprenant***. Quand tout apprenant sera devenu un **s'apprenant***, l'enseignant comme le professeur sera enfin devenu obsolète. N'est pas un **intellectuel***. VOIR ▶ **élève**, **étudiant** et **s'éducant**.

en tant que

Vérifier par soi-même que ce que l'on fait redouble ce que l'on est. *Moi, en tant qu'**intellectuel***, je dis : non !* « En tant que **femme***, nous pouvons remplir notre mission de façon plus complète » (*La Presse*, 12 juillet 2001). « En tant que **gars***, j'apprécie le look masculin que la **créatrice*** […] a donné à ces identificateurs » (*La Presse*, 4 avril 2002). « En tant qu'Occident, il faut toujours se féliciter de faire œuvre de civilisation, d'exporter les bienfaits du progrès et tout ça » (*Le Devoir*, 25-26 mai 2002).

entarteur

Belgicisme de bon aloi. Forme pâtissière de l'anarchie légère. « Les entarteurs de Stéphane Dion coupables de voies de fait » (*La Presse*, 18 mai 2000).

🔔 On voit aussi parfois *entartiste*, qui n'est qu'une variante préten-
tieuse d'*entarteur*. «Stéphane Dion contre les entartistes. La tarte à
la crème tombe dans un vide juridique» (*Le Devoir*, 1er-2 avril
2000). «Des tartes, les entartistes?» (*Le Devoir*, 25 août 2000)

entente de réinvestissement
VOIR ▸ **performer**.

entournure
Qualité secondaire. *Une musique afrocubaine aux entournures be-bop.*
*Un théoricien marxiste aux entournures **postmodernes***.*

environnement
À l'origine, surtout dehors. Depuis, partout. *Environnement sonore,*
environnement financier, etc. VOIR ▸ **développement durable**, **fumeur**
et **ressource**.

épais
1. **ADJECTIF ET SUBSTANTIF** □ Désigne, par antiphrase, le mince du
ciboulot ou l'avare en bonnes manières. «L'épais dans toute son
épaissitude» (*La Presse*, 19 août 2000). «TVA revendique l'**humour***
épais» (*La Presse*, 1er février 2001). «Villeneuve en a assez d'avoir
"l'air d'un épais en qualifications"» (*La Presse*, 16 mai 2003).
VOIR ▸ **deux**, **gnochon**, **gueurlo**, **insignifiant**, **moron**, **nono**, **snôro**,
tarla, **toton** et **twit**. 2. **ADVERBE** □ VOIR ▸ **beurrer**.

équipée pour veiller tard
À l'origine, évoquait une poitrine généreuse. 🔔 1. Il eut été plus
juste alors de dire *Équipée pour faire veiller tard*. 2. Au sens strict,
ne s'emploie qu'au féminin, sauf dans les **régions***. On ne peut pas
dire *Robert était équipé pour veiller tard*. 3. Expression dorénavant

apprêtée à toutes les sauces. «Maax équipée pour surfer tard» (*La Presse*, 6 juillet 2000). «Sampras était équipé pour veiller tard» (*La Presse*, 20 janvier 2002). «Financièrement, Guy A. Lepage est équipé pour chômer longtemps» (*La Presse*, 6 septembre 2002). 4. *A contrario*: «Équipés pour veiller de bonne heure» (*La Presse*, 19 septembre 2000).

équité salariale

Pour cesser de moins payer les femmes que les hommes. Se prononcer contre, car cela nuirait à la **croissance***. Proche parente de la **clause orphelin***.

erreur

D'abord *boréale* – selon le titre du film de Richard Desjardins à propos de l'industrie forestière –, elle prend de l'expansion, dans tous les sens: «À quand "L'Erreur porcine"?» (*Le Devoir*, 11 janvier 2001); «La fureur boréale» (*La Presse*, 8 juillet 2002); «Fureur boréale» (*La Presse*, 13 juillet 2002); «L'erreur américaine» (*La Presse*, 15 février 2003). VOIR ▸ **coupe à blanc**.

estie

VOIR ▸ **stie**.

estime

PSYCHOLOGIE □ Ne concerne que soi. «Elle fait l'amour même quand elle est menstruée, car elle a une très bonne estime de soi» (*Télé-Québec*, 13 janvier 2000). VOIR ▸ **confortable (être ~ avec)**, **multipoqué**, **respecter** et **s'accepter**.

étapisme

VOIR ▸ **gradualisme**.

états généraux

Sur le français, du Canada français, du paysage québécois, de l'environnement, sur l'éducation, de la psychanalyse, du **plateau*** Mont-Royal*. Variante gouvernementale ou universitaire du **festival*** et du **salon***. Moins importants que le **sommet***, mais plus que les **audiences***, le **carrefour***, le **chantier***, le **comité***, la **commission***, la **consultation***, le **forum***, le **groupe-conseil***, le **groupe de discussion***, le **groupe de travail***, la **rencontre***, la **table d'aménagement***, la **table de concertation***, la **table de convergence***, la **table de prévention***, la **table de suivi*** ou la **table ronde***. « Les **intervenants*** québécois lancent des états généraux étalés sur une année complète » (*La Presse*, 6 novembre 2001). VOIR ▸ **coalition, concertation, consensus, partenaires sociaux** et **suivi**.

ethnie, ethnique

Façon polie de désigner *les autres* (de peau ou de culture). *Toi, Théo, t'es-tu une ethnie ?* « Le balconnet broderie ethnique » est en vente chez Simons (publicité). « Pour en finir avec le vote ethnique » (*Le Devoir*, 21-21 janvier 2001). « L'industrie s'éloigne du conservatisme pour courtiser ethnies et [**baby-**]**boomers*** » (*La Presse*, 7 août 2002). « Marketing ethnique » (*La Presse*, 11 juin 2003). « Les ethnies secouées » (*Le Soleil*, 14 novembre 2003). VOIR ▸ **allophone, autochtone, blanc, chinois** (pâté ~), **communautés culturelles, empanada, général Tao, minorité visible, nations** (premières ~), **poutine, pure laine** et **souche**.

éteindre (s'~)

Décéder* en langage des **communicateurs***. VOIR ▸ **disparu, longue maladie, noirceur** (la grande ~) et **thanatologue**.

être

VERBE □ Ne s'utilise jamais seul, car il indiquerait alors une sorte de faiblesse et d'insécurité. C'est pourquoi il faut dire et écrire *s'avère être, se veut être, se révèle être, est considéré comme étant, se trouve à être, s'avère comme étant*, etc. **VOIR** ▶ **vouloir (se ~).**

étudiant

A remplacé complètement **élève***. Certains lui préfèrent **apprenant***, voire **s'apprenant*** ou **s'éducant***. Celui qui refuse ce noble statut est un **décrocheur***. **VOIR** ▶ **échec, filles, garçons, jeune, pédago-cratie, réussite, transversales (compétences ~)** et **zéro.**

éventuellement

À peu près plus ou moins presque absolument sûr.

exact

Oui*. **VOIR** ▶ **absolument, certain, définitivement, effectivement, le faut, mets-en, radical, sérieux, tout à fait** et **yessssss.**

excellence

Idéologie courante mesurant la qualité des individus au « volume » de leur « rendement » et de leur « aptitude à **performer*** » (**VOIR** ▶ **ren-dement [indicateurs de ~]**). Dans la logique de cette idéologie, l'excellence ne s'oppose pas à la nullité ou à la médiocrité, comme on pourrait le croire, mais elle s'oppose au travail bien fait et à l'anticonformisme. Un excellent *performe*, ce qui est bien plus et bien autre chose que travailler : l'excellence exige présence ostenta-toire sur les lieux du travail (faire du couloir) + activisme ostensible + déférence courbante envers la hiérarchie institutionnelle + subsu-mation de l'individu sous l'institution ou l'entreprise qui « l'abrite »

+ publicité volontaire de ladite institution ou entreprise dans le monde extérieur (l'excellent type porte des chemises ou des jupettes portant le sigle de son employeur). «Tout au long de sa conférence, [x] a bien su démontrer que le savoir-vivre est essentiel pour offrir aux autres une image d'excellence» (*La Revue des diplômés de l'Université de Montréal*, printemps 2000). «Alimenter l'excellence!» (Agriculture et agroalimentaire Canada, 2001) «49 directions vers l'excellence» (publicité). VOIR ▶ **efficient** et **réussite.** ❶ HISTOIRE ▢ Mot de la langue ancienne (*circa* 1990), tombé en désuétude, sauf autour de **Québec***, d'avoir été trop utilisé, notamment dans les universités. *Centre québécois d'excellence pour la prévention et le traitement du jeu affilié à l'Université Laval.* Depuis l'élection de Gérald Tremblay à la mairie de Montréal, le mot a repris du service.

exception culturelle

1. INTERNATIONAL ▢ Volonté de résistance à la **mondialisation*** culturelle. 2. LOCAL ▢ Rare. *Il a été question de culture à la télévision hier ; voilà une exception culturelle.* VOIR ▶ **fureur.**

exclusion

VOIR ▶ **inclusif.**

expert

Toujours actif, même si souvent à la retraite. Machine à écrire / à parler. *Les experts de la Chaire Raoul-Dandurand publient un article par jour dans* Le Devoir. «Un expert américain craint un "écocide"» (*La Presse*, 20 mars 2003). VOIR ▶ **chaises** (**show de ~**), **écoutez, expertise** et **joueurnaliste.**

extrême

Beaucoup, voire trop. Comme dans sport ~ (tennis ~, ski ~, golf ~, vélo ~, frisbee ~, marathon ~), mais pas seulement. « À égalité avec "millénaire" et "**tendance***", le mot "extrême" est le plus indigestiblement charrié de cette époque [...] » (*Le Devoir*, 6 février 2001).

Il y a plus de deux cents ans, Diderot écrivait : « Si tout ici-bas était excellent, il n'y aurait plus rien d'excellent. » S'il revenait aujourd'hui, il pourrait dire la même chose d'*extrême*. Tout, en effet, est devenu extrême : repasser, se nourrir, faire de la musique (du cinéma, de la peinture, de la télévision, du théâtre, de la radio, de la génétique, de la publicité, du yoga, de la moto, de l'art, du journalisme, de la politique), rembourrer, sortir en famille, procréer, vendre et acheter, tenir une conférence de presse, prendre l'avion, gouverner, faire la paix, se maquiller, cocooner, fêter et se faire plaisir, espionner, être touriste, préparer de la limonade, diminuer les impôts, voler un arbre, cultiver des légumes, manifester, avoir des loisirs, s'aventurer, danser – vivre, bref : « La vie est un sport extrême » (*La Presse*, 3 novembre 2002). Même les vedettes vieillissantes s'y mettent : « Travolta extrême » (*La Presse*, 28 mars 2003) ; « Épuration extrême » (chanson de Plume Latraverse).

Ce mot n'est pas **nécessairement*** nouveau. Il reste cependant **résolument*** à la mode.

VOIR ▶ capoter, débile, full, **hyper**, masse (en ~), **max**, méchant, méga, moyen, os (à l'~), pas à peu près, phat, planche (à ~), super, torcher et über.

🦜 Se prononce parfois *ixtrîme*.

expertise

Qualité de qui est assez vieux pour donner des conseils ou son avis. *Bien que l'attrition naturelle l'oblige à prendre sa retraite, je reste persuadé que nous pourrons toujours compter sur sa vaste expertise.* **VOIR** ▸ **expert**.

exprimer (s'~)

Parler, mais en croyant que les mots sont un fluide directement émis par les organes intérieurs. *Exprime-toi, Céline, laisse sortir tes émotions.* **VOIR** ▸ **âme**, **artiste**, **créateur**, **création (cours de ~)**, **écriture (appel de l'~)**, **littéraire**, **livre**, **ouvertes (lignes ~ radiophoniques)**, **souveraineté** et **tripes**.

extensionné

Synonyme administratif de *étendu*. *Le programme de maîtrise en études **thanatologiques*** de l'Université du Québec à Coaticook a été extensionné de l'Université du Québec à Québec.*

extrême

VOIR ▸ p. 85.

facteur significatif

D'une importance quelconque. *La maîtrise des compétences **transversales*** *est un facteur significatif dans la **réussite*** *des **filles***. **VOIR** ▸ **moteur** (élément ~).

facultés

De plus en plus affaiblies. **VOIR** ▸ **performer**.

faire

1. ~ *ça.* Forniquer. **VOIR** ▸ **respecter** et **sieste**. 2. ~ *dur.* Ne pas être à son avantage, concrètement ou métaphoriquement. *Sans ses dents, Robert fait dur. Les procès de Céline, ça fait dur.* 3. ~ *sens.* **VOIR** ▸ **sens**. 4. ~ *un [...] de soi-même.* Devenir ce qu'on a peut-être toujours été, mais que l'on doute qu'on soit. Ou, plus simplement, version **postmoderne*** du rimbaldisme «Je est un autre». «Espérons qu'au moment du vote, les membres de l'Académie ne feront pas une juge brésilienne d'eux-mêmes...» (*La Presse*, 24 août 2000) «Martin Deschamps fera un Gerry Boulet de lui-même au Spectrum» (*Le Devoir*, 26-27 août 2000). «Mais les médias américains [...] ne

devraient pas se sentir obligés [...] de faire une *Pravda* d'eux-mêmes » (*La Presse*, 18 septembre 2001). « Le couple le plus célèbre du Québec faisait un fou de lui » (*La Presse*, 25 septembre 2001). « Faites un **homme*** de vous : choisissez la solution facile » (publicité). « Comment se fait-il que tu ne sois pas assis dans le carré de citrouilles pour attendre la grande citrouille et faire un vrai fou de toi ? » (*La Presse*, 31 octobre 2001) « Fais une **femme*** de toi. Tue-toi... » (Catherine Mavrikakis, *Ça va aller*, 2002) « [N'allez] pas faire un pont Jacques-Cartier de moi-même » (*La Presse*, 2 février 2002). « Aussi bien l'avouer, je suis tanné de faire une Oprah de moi-même » (*La Presse*, 2 mai 2002). « Stephen Faulkner venait de faire un Stephen Faulkner de lui-même quand j'ai dû **quitter***, tombée oblige » (*Le Devoir*, 7 mai 2002). « Bill Guerin, des Stars de Dallas, a fait un McSorley de lui-même... » (*La Presse*, 25 septembre 2002) **VOIR** ▸ **créateur**. 5. ~ *plus avec moins*. Obligation née de la **rationalisation***. Contradiction dans les termes. « Immigration : faire plus avec moins » (*Le Devoir*, 14-15 juin 2003). « Le nouveau directeur général devra faire plus avec moins » (*La Presse*, 27 juin 2003). **VOIR** ▸ **gras**, **réingénierie** et **sous-traitance**.

fait que

1. Conjonction de subordination. *Robert et Céline sont riches, fait qu'y* en profitent.* **VOIR** ▸ **sauf que**. 2. Formule qui met un terme à une conversation ou à une remarque. *Voilà. Ça fait que.* **VOIR** ▸ **ça**. 🕭 Se prononce *fèk*.

famille dysfonctionnelle

Pléonasme. **VOIR** ▸ **ado**, **boomerang** (enfant ~), **enfant**, **flo**, **jeune**, **Môman** et **monoparental**.

fédérateur

Synonyme approximatif d'*intégrateur**, de *porteur** et de *structurant**.

féminité (taux de ~)

Chiffre indiquant supposément le quota de **femmes*** dûment répertoriées **comme telles*** dans un groupe de bipèdes historiquement situé. *Le taux de féminité chez Hydro-Québec est de 3,7 ; c'est une question qui fait monter la tension.* ❶ N'a rien à voir avec son lointain parent, le *taux de criminalité*.

femme

Archaïsme. Acceptable s'il est accompagné de **en tant que***. Lui préférer *fille* ou *copine**. « Attention danger ! Au Québec, la femme est à la pub ce que la **souveraineté*** est à la politique : un sujet **incontournable*** mais très sensible » (*La Presse*, 9 novembre 2003). **VOIR ▸ gars, homme, mâlitude** et **rose (homme ~)**.

fendant

VOIR ▸ attitude.

feng shui

Périphilosophie orientalisante qui vise à aplanir les **irritants*** du **quotidien*** et à harmoniser le **vécu*** grâce la décoration. Fait sortir le **méchant*** par l'intérieur et empêche les **montées de lait***. « À quand la chaire Guide Ressource / UQAM en feng shui appliqué ? » (*Le Devoir*, 15-16 décembre 2001) « Est-ce que Radio-Canada est Feng-shui ? » (publicité) **VOIR ▸ bonheur, chercher, chinois (pâté ~), croissance, enfant, grandir, nouvel âge, pensée magique, ressourcer (se ~)** et **s'investir**. ❶ Ne paraît pas avoir été pratiqué par le **général Tao***.

festival

Variante, surtout estivale et toujours commerciale, des **audiences***, du **chantier***, du **comité***, de la **commission***, de la **consultation***, des **états généraux***, du **forum***, du **groupe-conseil***, du **groupe de discussion***, du **groupe de travail***, de la **rencontre***, du **salon***, du **sommet***, de la **table d'aménagement***, de la **table de concertation***, de la **table de convergence***, de la **table de prévention***, de la **table de suivi*** et de la **table ronde***. VOIR ▸ coalition, concertation, consensus, partenaires sociaux et suivi. ❶ I. Donne *festiveaux* ou *festi-veaux* au pluriel. « [Un] million de festi-veaux » (*La Presse*, 27 juin 1991). 2. Le **festival** se décline

- en **biennale** (internationale d'estampe contemporaine de Trois-Rivières),
- en **carnaval** (de Fleurimont, de Québec),
- en **carrefour*** (mondial de l'accordéon),
- en **carrousel** (international de théâtre, international du film de Rimouski),
- en **célébrations** (du solstice d'été),
- en **classique*** (internationale de Blainville, internationale de canots de la Mauricie),
- en **concours** (de sculpture de sable, international de châteaux de sable de Montréal, international de châteaux de sable des Îles),
- en **défi*** (des îles Boréal Design 2003, du canon, national Louis Cyr, vision),
- en **défilé** (Divers / Cité de la **fierté*** lesbienne, gaie, bisexuelle, transsexuelle et travestie),
- en **événements** (de la pleine lune),
- en **exposition** (agricole de Beauce,

agricole de Drummondville, agricole et alimentaire de Saint-Hyacinthe, canine internationale de Montréal, régionale de Montmagny) ou en **expo** (concerts du parc St. Mark, Québec, rail),
- en **féria** (du vélo de Montréal),
- en **festivités** (médiévales, western de Saint-Victor-de-Beauce),
- en **fête** (Bière et saveurs, Bio~, de la famille de Laval, de la musique de Tremblant, de la solidarité Saint-Narcisse, de la ville de Québec, de l'eau de Lévis, de Saint-Louis, des arts, des chants de marins, des enfants de Montréal, des neiges de Montréal, des Perséides, des vendanges Magog-Orford, du Canada, du Lac des nations, du vieux marché, du vol libre, Écho~, nationale des autochtones, nationale des Montagnais, nationale des Québécois, nationale suisse, populaire de l'Île-aux-Trésors) ou en **fêtes** (de Lachine, de la Nouvelle-France,

de l'eau de Saint-Romuald, de Saint-Laurent, des mascottes et des personnages animés du Québec, des voyageurs, du grand boulevard, du lac William, du Québec maritime, gourmandes de Montréal, victoriennes),

• en **feux** (grands ~ du Casino, Grands ~ Molson du Canada, Les grands ~ Loto-Québec, Pleins ~ Rivière-du-Loup),

• en **fiesta** (Cuba),

• en **foire** (de l'antiquité, des alternatives, du camionneur de Barrraute, gourmande de l'Abitibi-Témiscamingue, internationale du boulevard Saint-Laurent, rurale de Berthier, vin fromage),

• en **folies** (Franco~),

• en **international(e)** (Bromont, d'art miniature, de country de Matane, de l'art vocal de Trois-Rivières, de la sculpture de Saint-Jean-Port-Joli, des montgolfières de Saint-Jean-sur-Richelieu),

• en **journée** (de la lecture, du tango contre le racisme, internationale de l'agrume de Coaticook, internationale de la langue maternelle, mondiale du livre et du droit d'auteur, sans voitures, **trippante*** de Disraéli) ou en **journées** (crêpes et cidres, de la culture, de la famille, de la flûte à bec, orientales de Montréal),

• en **kermesse** (Soleil - Outremont),

• en **médiévales** (de Kamouraska),

• en **midis** (SunLife),

• en **mois** (de la photo à Montréal, des Patriotes, multi 2003),

• en **mondial** (des amuseurs publics de Trois-Rivières, des cultures de Drum-

Mondville, d'impro Juste pour **rire*** 2003, du vélo.com, SAQ),

• en **nuit** (des sans-abri),

• en **portes ouvertes** (sur les fermes du Québec),

• en **rencontre*** (La grande ~, québécoise internationale des écrivains) ou en **rencontres** (les grandes ~, internationales du documentaire de Montréal),

• en **rendez-vous** (British Québec, du cinéma québécois, estival, hors-pistes),

• en **rodéo** (country Rivière-du-Loup, du camion),

• en **semaine** (d'actions contre le racisme, de la dramaturgie, de l'arbre et des forêts, des secrétaires, internationale du compostage, mondiale de la marionnette de Jonquière, québécoise des rencontres interculturelles),

• en **symposium** (couleurs urbaines de Granby, d'art en Beauce, de création d'art *in situ*, de peinture de Baie-Comeau, de peinture de Kamouraska, de peinture du doux pays, de peinture figurative, international d'art contemporain de Baie-Saint-Paul, provincial 2000 : art, faune et flore),

• en **tour** (de l'Abitibi, de l'île, de nuit, des arts des Cantons-de-l'Est, des **enfants***, Grand ~),

• en **traversée** (internationale du lac Memphrémagog, internationale du lac Saint-Jean),

• en **virée** (Vélo~ Lanaudière) ou

• en **week-end** (en blues Molson export).

VOIR ▶ **capitale mondiale**.

ESSAI DE TYPOLOGIE
festivalesque

Il est parfois difficile de s'y retrouver dans les festiveaux québécois. Les auteurs, sans cesse guidés par la volonté d'être **pratico-pratiques**[*], se sont donc essayés à une brève typologie.

L'international: de musique internationale de ville de Saguenay, des traditions du monde de Fleurimont, du cinéma international en Abitibi-Témiscamingue, du monde arabe de Montréal, Festiblues international de Montréal, Festijazz international de Rimouski, folklorique international de Lachine, folklorique des enfants du monde de Beauport, folklorique international de Sainte-Marie « La gigue en fête », international acadien-cajun du Québec, international d'accélération de motoneiges sur glace, international de danse encore, international de jardins, international de jazz de Montréal, international de la chanson de Granby, international de la chanson et de la musique de Marieville, international de la galette de sarrazin, international de Lanaudière, international de musique incroyable de Saint-Fortunat, international de musiques militaires de Québec, international de nouvelle danse, international de percussions, international de poésie de Trois-Rivières, international des arts traditionnels de Québec, international des cultures africaines, international de tango de Montréal, international du blues de Tremblant, international du Domaine Forget, international du film d'aventure, international du film sur l'art, international Maximum Blues, mondial des percussions, Montréal nouvelles musiques. Festival international.

L'animal: country de la volaille de Berthierville, de la baleine bleue, de la crevette de Matane, de la truite, de la truite mouchetée de Saint-Alexis-des-Monts, de l'oie blanche de Montmagny, de l'oie des neiges, du bœuf d'Inverness, du cochon de Sainte-Perpétue, du homard des Îles à Grande-Entrée, du pêcheur Étang-du-Nord, du ti-porc de Saint-Joseph, équestre de Valleyfield, nature et faune.

Le végétal : de la canneberge de Villeroy, de la gourgane, de la tomate, de l'érable de Plessisville, des couleurs de Rigaud, des jonquilles, du bleuet de Dolbeau-Mistassini, du carton de Témiscouata, du lin de Saint-Léonard, du papier de Windsor, forestier de Senneterre, international de jardins, musique en fleurs.

Le minéral : des vieilles pierres.

Le naturel : d'eau vive de la Haute-Gatineau, des couleurs de Rigaud, des sciences de la nature, du pêcheur Étang-du-Nord, nature et faune, plein air aux îles de Boucherville, sable-eau-vent.

Le gastronomique, comme* : de la galette et des saveurs du terroir, de la gibelotte de Sorel-Tracy, de l'omelette géante de Granby, des fromages de Warwick, des gourmands d'Asbestos, des sucres, des vins de Terrebonne, du hot dog de Pointe-aux-Chênes, du lait de la MRC de Coaticook, du pain, international de la galette de sarrazin.

Le musical : Cammac, de la chanson de Tadoussac, de la chanson et de l'**humour*** Le tremplin, de musique actuelle de Victoriaville, de musique ancienne de Sillery, de musique de chambre de Montréal, de musique de Lachine, de musique des Basses-Laurentides, de musique émergente d'Abitibi-Témiscamingue, de musique internationale de ville de Saguenay, de musique Orford, de musique **rétro*** de Saint-Hyacinthe, de musique sacrée de Saint-Roch, des harmonies du Québec, d'orgue Montréal 2003, en chanson de Petite-Vallée, Festiblues international de Montréal, Festijazz international de Rimouski, Gospel de Repentigny, international de jazz de Montréal, international de la chanson de Granby, international de la chanson et de la musique de Marieville, international de Lanaudière, international de musique incroyable de Saint-Fortunat, international de musiques militaires de Québec, international de percussions, international du blues de Tremblant, international du Domaine Forget, international Maximum Blues, Jusqu'aux oreilles, mondial des percussions, Montréal baroque, Montréal nouvelles musiques. Festival international, Mozart plus, Musimagi, musique en fleurs, musiques au présent, Off festival de jazz, orage blues du

Mont-Sainte-Anne / Côte-de-Beaupré, tam-tam macadam, Woodstock en Beauce.

Le musical à cheval : country de la volaille de Berthierville, country du camping Sainte-Madeleine, country folklorique de Plessisville, country western de Matane, de musique country de Wakefield, des dix jours western Dolbeau-Mistassini, western de Saint-Bruno-de-Guigues, western de Saint-Tite, western de Sorel-Tracy.

Le culturel : annuel d'innovation théâtrale, arts en fête, baie en art, de contes et récits de la francophonie, découvrarts, des amuseurs publics de Cap-de-la-Madeleine, des arts Boré-art, des arts de Saint-Sauveur, des arts pour la jeunesse, des épouvantails, de spectacles jeune public de Lanaudière, des traditions du monde de Fleurimont, des traditions écossaises de Gould, de théâtre de rue de Shawinigan, de théâtre des Amériques, de Trois, du monde arabe de Montréal, du patrimoine de Kamouraska, du roman policier de Saint-Pacôme-de-Kamouraska, Festiv'art, folklorique international de Lachine, folklorique des enfants du monde de Beauport, interculturel du conte du Québec, international de poésie de Trois-Rivières, international des arts traditionnels de Québec, international des cultures africaines, Mode et design de Montréal, multiculturel de Potton, Nuits d'Afrique, Présence autochtone, Saint-Ambroise fringe de Montréal, le village des Daltons.

Le cinématographique : Cinemania, des films du monde, des films polonais, du cinéma international en Abitibi-Témiscamingue, du nouveau cinéma et des nouveaux médias, FantAsia – Festival du cinéma fantastique, international du film d'aventure, international du film sur l'art, Téléscience.

Le comique : comedia, de la chanson et de l'**humour*** Le tremplin, d'humour de Québec « Le grand rire Bleue », Loto-Québec Juste pour **rire***.

Le scientifique : d'astronomie populaire de mont Mégantic, des sciences de la **Commission scolaire*** de Montréal, des sciences de la nature, des sciences et génie, Téléscience.

Le mobile : auto **rétro***, d'eau vive de la Haute-Gatineau, des camion-neurs de La Doré, des Coccinelles, des étoiles filantes de Lac-Beauport, des montgolfières de Bécancour, des montgolfières de Gatineau, des vents, des voyageurs, du ballon de Nicolet, du bateau illuminé, du camion Saint-Félix de Dalquier, équestre de Valleyfield, familial de la montgolfière de Saguenay, Ferrari, Festivent – Festival de montgolfiè-res et de parachutisme, folklorique international de Sainte-Marie « La gigue en fête », international d'accélération de motoneiges sur glace, international de danse encore, international de nouvelle danse, inter-national de tango de Montréal, sable-eau-vent, santé-danse.

Le saisonnier : d'été à Val-d'or, d'été de Farnham, d'été de la Rivière-Nord, d'été de Québec, d'été de Shawinigan, d'été de Tremblant, en août.

Le post-saisonnier : d'automne de Sainte-Agathe-de-Lotbinière, de l'Halloween de Sainte-Anne-des-Plaines, Montréal en lumière.

Le des régions* : Ambroize-moi (Saint-Ambroize-de-Kildare), Bonjour la visite de Saint-Pascal-de-Kamouraska, Buckingham en fête, de Saint-Sauveur, des Deux-Rivières, des isles de Trois-Pistoles, du lac Massawippi, du lac Témiscamingue, la Grande virée (Saint-Jean-de-Dieu), populaire de l'île aux Trésors.

Le sportif : de course des bateaux-dragon de Montréal, de jonglerie, de la pétanque de La Tuque, du bûcheux de Saint-Pamphile, équestre de Valleyfield, Festirame, Festi-vélo Optimiste, triathlon Sebka.

Le vieux : auto **rétro***, de musique ancienne de Sillery, de musique rétro de Saint-Hyacinthe, des traditions du monde de Fleurimont, des traditions écossaises de Gould, du patrimoine, du patrimoine de Kamouraska, international des arts traditionnels de Québec, médiéval de Labelle, mémoire et racines, rétro de Saint-Hyacinthe, troubadours et saltimbanques.

Le personnel : du père Zim.

L'oxymoronique : du coureur des bois de Saint-Urbain.

Le pléonastique : de la grande rencontre.

feuille de route
POLITIQUE INTERNATIONALE ☐ **Plan de match*** dressé par les uns pour orienter les autres.

fierté
En être fier. « Les commerçants du Village **gai*** de Montréal accusent les organisateurs du **festival*** de la Fierté gaie de leur voler leur fête » (*Le Devoir*, 20 juillet 2001). « La fierté a une ville » (slogan de la ville de Montréal).

fille
VOIR ▶ **copine** et **femme**.

filles
Apprenants* en situation de réussite appréhendée. « Les **échecs*** scolaires des **garçons*** menacent-ils la **réussite*** des filles ? » (*La Presse*, 25 mai 2003) **VOIR** ▶ **décrochage, élève, étudiant, jeune, pédagocratie, s'apprenant, s'éducant, transversales (compétences ~)** et **zéro**.

fils (avoir deux ~ qui se touchent)
Péter les plombs. **VOIR** ▶ **capoter** et **coche (sauter une ~)**.

flanelle
Désignait jadis l'uniforme du club de hockey les Canadiens de Montréal. En ces temps-là, on la disait *sainte*. C'est fini. « La Flanelle ébranlée ! » (*La Presse*, 7 septembre 2001) **VOIR** ▶ **cent dix pour cent, coupe (sentir la ~), glorieux, mental** et **puck**.

flo
Gniard, chiard, moutard (par attraction avec fléau). *Céline, élève-le, ton flo, ciboire.* « Mon flo est meilleur que le tien ! » (*La Presse*,

14 novembre 2001) **VOIR** ▸ **ado**, **ami**, **boomerang** (enfant ~), enfant, **famille dysfonctionnelle**, **jeune**, **Môman** et **monoparental**.

fluo
Couleur lumineuse, comparable à celle du jello. *Bleu fluo*. « Des lieux, des gens, des ambiances, qui n'ont rien à voir avec le fluo de circonstance nautique » (*Le Devoir*, 20-21 juillet 2002). **VOIR** ▸ **bleaché** et **Creton**. 🔍 Ne pas confondre avec **flo***.

flusher
VERBE D'ACTION □ 1. Synonyme de *partir*. *Je me suis flushé du bureau à cinq heures*. En cas d'extrême nécessité, le préférer à **quitter***. 2. Synonyme de *rompre*. *Céline a flushé Robert hier*. « C'est l'histoire d'un type que sa **blonde*** vient de flusher […] » (*La Presse*, 2 mai 2002). 3. Synonyme de *faire disparaître*, *détruire*, *abolir*. « [Le ministre] a flushé bien rapidement un projet sur lequel il avait travaillé pendant des mois » (*La Presse*, 22 janvier 2000). 4. Synonyme de *tirer la chasse* ou *tirer la chaîne*. *J'ai trop bu de Torrieuse hier ; j'arrête pas de flusher*.

focussé
Concentration maximale, généralement mal dirigée. *J'ai focussé sur les détails*.

fois où (la ~)
Moment d'égarement dont on ne se souvient pas sans nostalgie. *La fois où j'ai eu l'air le plus fou*. « Safari urbain ou La fois où j'ai lancé un nain » (*Jeu*, septembre 2002).

fonctionner
Vivre*. *Mes céréales me permettent de bien fonctionner*. **VOIR** ▸ **régularité**.

fondements

Cul d'un raisonnement que la valse hésitation de la pensée risque de faire tomber. *Il faut mettre des balises autour des fondements de votre hypothèse.* VOIR ▸ **balises**, **point**, **truchement** et **zoutils**. ❶ Ne s'emploie qu'au pluriel, peut-être pour éviter les plaisanteries scatologiques.

forces vives

Toujours *de la nation**. Toujours en faveur de la **souveraineté***. Toujours perdantes. VOIR ▸ **compétiteur**.

forum

Forme bénigne du **sommet***. Sur les terres humides, sur la citoyenneté et l'immigration, sur la politique maritime du Québec, de discussion sur l'industrie du camionnage, sur le jeu pathologique. VOIR ▸ **audiences**, **carrefour**, **chantier**, **coalition**, **comité**, **commission**, **concertation**, **consensus**, **consultation**, **états généraux**, **festival**, **groupe**, **partenaires sociaux**, **rencontre**, **salon**, **suivi** et **table**.

fouille-moi

Expression ironique signifiant à l'interlocuteur que vous ne possédez pas la pensée qu'il vous prête. «Nécessaires pour qui, pour quoi, et jusqu'à quand? Fouille-moi» (*La Presse*, 22 février 2001). «Qu'est-ce que ce chien t'a dit, Pacha? – Fouille-moi… Je ne parle pas caniche» (*La Presse*, 20 mai 2001). Synonyme de *va savoir*.

Français de France

Peuplade ou mode de vie archaïques, antérieurs à la **Révolution tranquille***. *Nos ancêtres les Français*. Les Français de France font plein d'anglicismes, ne savent pas faire de bons films, portent encore des bérets, sont naturellement snobs et **baveux***, se lavent une fois sur

deux, se prétendent **intellectuels***, sont à la fois impéria-
listes et protectionnistes, aiment le sirop d'érable et les
promenades en traîneaux à chiens au clair de lune boréal,
s'extasient devant la **poutine*** et ont toujours l'air **choqués***.
VOIR ▶ **perler**. Synonyme : *maudit Français*. « L'époque du
"maudit français" est révolue » (*La Presse*, 2 mai 2001).

franco-français

Qui a effrontément l'air d'être pensé ou de vouloir être pensé. *C'est
un livre très franco-français, avec des descriptions, pis **toutte*** pis
toutte.* « Bref, des réflexions intéressantes qui, même si elles décri-
vent une situation franco-française, trouvent tout de même écho
chez nous » (*La Presse*, 25 juin 2003). « Vocabulaire franco-français,
oui, mais pas codé ni sous-titré, et franchement comestible »
(*L'Actualité*, août 2003). **VOIR** ▶ **assez**, **besoin (de ~)**, **ça**, **élitiste**,
gagnant-gagnant, **matante**, **mononcle**, **pépeine**, **pratico-pratique**,
quand qu'on, **qui qui**, **songé** et **veut veut pas**. 🔔 Peut aussi, mais
rarement, avoir une valeur positive. « L'Espace Go se veut le plus
francophile des théâtres québécois, et les amours franco-françaises
de la belle salle du boulevard Saint-Laurent se confirment de nouveau » (*Le Devoir*, 11 avril 2001).

frustré

Mécontent **pas à peu près***. « Les députés sont frustrés » (*La Presse*,
19 juillet 2000). « L'usager se sent encore frustré » (*La Presse*, 24 novembre 2003). **VOIR** ▶ **brimer**, **choqué**, **montée de lait**, **personnel** et
stressé. 🔔 On voit à l'occasion *fru*. « ***Full**** fru* » (*Le Devoir*, 28 août
2000). « Sont frus, je vous le dis » (*Le Devoir*, 28 janvier 2003).
« Freud était fru » (*Le Devoir*, 10 juin 2003).

fucké, fucker

1. **PSYCHOLOGIE** □ Troublé ou, comme on dit parfois, **fonctionnant*** beaucoup moins bien qu'il ne devrait. *Robert est fucké à soir.* 2. Brisé, empêché, inutilisable. *Mon **aide maritale*** est fuckée. Mon **plan de match*** est fucké. Mes **balises*** sont fuckées.* 3. ~ *le chien.* Ne pas arriver à faire quelque chose, y perdre son temps, glander. « [Ils] étaient tous à Toronto, pu un crisse à fucker le chien aux Galeries Laval à Laval » (*La Presse*, 27 août 2002).

full

Beaucoup, très. « C'est full bon » (remise* des **Prix*** du Québec, 1997). « Full baiseur » (*Clin d'œil*, avril 2000). « *Full* en forme ? La condition physique des **jeunes*** inquiète » (*La Presse*, 15 avril 2000). « *Full black* » (*La Presse*, 18 août 2000). « Full **tendance***… » (*La Presse*, 8 février 2001) « Trudel veut être "full fonctionnel rapidement" » (*La Presse*, 4 avril 2001). « Alors imaginez ce qui se passe quand Jacques s'ouvre un resto-bar chic branché mode full design » (*Le Devoir*, 7 juin 2001). « La **santé***, c'est *full* plate ! » (*La Presse*, 18 novembre 2001) « Vos **ados*** étudieront "full français" à compter de 2003 » (*La Presse*, 15 décembre 2001). *Full sexuel : la vie sexuelle des adolescents* (Jocelyne Robert, 2002). « Dan Thouin : *full* claviers, tous azimuts » (*La Presse*, 5 juillet 2002). « Full **moron*** ! » (*Le Devoir*, 30 novembre-1ᵉʳ décembre 2002) « Full sapience, comme qu'on dit » (*Le Devoir*, 3 décembre 2002). « Full Clone ! » (*La Presse*, 4 février 2003) « Macaroni *full **cool**** » (*La Presse*, 20 février 2003). « *Full* bébelles » (*Le Devoir*, 14 mars 2003). **VOIR** ▸ **capoter, débile, extrême, hyper, masse (en ~), max, méchant, méga, moyen, os (à l'~), pas à peu près, phat, planche (à ~), super, torcher** et **über.**

fumeur

Animal d'extérieur. Vit en troupeau au grand air, généralement sur les trottoirs. À défaut d'enfumer ses congénères, aime bien leur bloquer le passage. VOIR ▸ **intégrisme**.

fun

Marque du plaisir. Mot français de France emprunté au québécois du Québec. VOIR ▸ **Français de France**.

fureur

MUSIQUE □ A longtemps désigné un état de colère ; évoque dorénavant un état d'excitation incontrôlable. Fait rage (fureur ?) les vendredis soirs à la télévision d'État. « Le salut par *La fureur* » (*Le Devoir*, 8-9 janvier 2000). VOIR ▸ **exception culturelle**.

fusion

1. ~ *municipale*. Être contre, car elle crée des **mégavilles***. Être pour, car elle crée des **mégavilles***. « Je me souviendrai des fusions forcées » (slogan politique, 2001). VOIR ▸ **adhésion**, **arrondissement**, **Géranium I**er et **partition**. ❶ En ce premier sens, le mot est déjà riche de descendants : *antifusion*, *antifusionniste*, ***défusion****, *fusionné*, *infusion*, *profusion*, *pro-fusions*, *refusionniste*. « [Le] maire de Mont-Royal […] poursuivait sa marche antifusion […] » (*La Presse*, 15 août 2001). « Baie d'Urfée prépare la défusion » (*La Presse*, 15 août 2001). « Le parti de l'infusion » (*La Presse*, 31 août 2001). « [Le] citoyen fusionné peut y trouver une inestimable source de réconfort » (*La Presse*, 12 mai 2003). « Pourquoi pas une **coalition*** profusion ? » (*Progrès-dimanche*, 9 novembre 2003) « Un front pro-fusions voit le jour » (*La Presse*, 5 novembre 2003). « Que dirait l'Office de la langue si les ex-antifusionnistes, devenus défusionnistes, décidaient

maintenant de se changer en refusionnistes?» (*Le Devoir*, 4 juillet 2003) 2. **CUISINE ET MUSIQUE** □ Être toujours pour. *La cuisine fusion agence des aliments qui n'ont pas* **rapport***, *mais cela leur donne une* **valeur ajoutée***; VOIR ▶ chinois (pâté ~), **empanada**, **ethnie**, **général Tao** et **poutine**. *Le jazz fusion est fort apprécié dans le* **450***; VOIR ▶ **album**, **artiste**, CD, DJ, **festival**, **public** et **toune**.

gagnant-gagnant

Conclusion espérée d'un **arrimage***, né d'une **vision***, d'une **convergence*** réussie, d'une **grappe*** bien lourde de fruits, d'un intime **maillage***, d'un solide **partenariat***, d'un **réseautage* tricoté serré***, d'une **synergie*** fortement commune. *Formule gagnant-gagnant.* **VOIR ▶** **assez, besoin (de ~), ça, franco-français, matante, mononcle, pépeine, pratico-pratique, quand qu'on, qui qui** et **veut veut pas.** ❶ N'a pas d'antonyme. Il n'y a pas d'entente *perdant-perdant.*

gai (village ~)

GÉOGRAPHIE URBAINE □ Quartier rose de Montréal, mais sans homme **rose*. VOIR ▶** **fierté, moumoune** et **orientation sexuelle.**

garçons

Apprenants* en situation d'**échec*** appréhendé. « **Réussite*** scolaire. Les difficultés des garçons à l'école : c'est quoi le **problème*** ? » (*Le Devoir*, 4-5 octobre 2003) **VOIR ▶** **décrochage, élève, étudiant, filles, jeune, pédagocratie, s'apprenant, s'éducant, transversales (compétences ~)** et **zéro.**

garderie

Dans sa mansuétude, le gouvernement du Québec a pendant quelque temps subventionné les Centres de la petite enfance, en offrant aux parents d'y mettre leur **flo*** ou leur **jeune*** pour la somme de 5 $ par jour, avant de passer à 7 $. La **réingénierie*** du **modèle québécois*** devrait permettre de couper dans ce **gras***. ❶ Ne pas confondre les *places à cinq* avec les *danses à dix* (**VOIR** ▶ **danse-contact**).

gars

Moins **moumoune*** qu'homme **rose***. **VOIR** ▶ **garçons**, **homme**, **mâlitude** et **Ti-**.

↪ Se prononce *gâ*.

gauchistes

Toujours *attardés*. **VOIR** ▶ **aile radicale** et **purs et durs**. ❶ Son antonyme, *droitistes*, est de création récente. «Pour en finir avec ces droitistes qui se prétendent de gauche» (*Le Devoir*, 6 juin 2001).

général Tao

Cuisinier légendaire. Fit une hécatombe de poulets. Plus proche de l'**empanada*** que de la **poutine***. **VOIR** ▶ **allophone**, **chinois** (**pâté ~**), **communautés culturelles**, **ethnie** et **minorité visible**.

genre

Mot issu du langage **ado***, désormais passé dans la vie courante. La **réalité*** réellement réelle est très dangereuse, aussi vaut-il mieux la nommer comme si elle appartenait à une catégorie plus large qui paraît plus inoffensive. *J'ai mangé une pizza, genre. Y m'a abusé*, genre.* « La **solidarité***, genre » (*La Presse*, 18 avril 2001). **VOIR** ▶ **comme, saveur** (à ~) et **style**. ❶ Dans les cas de doute accentué, ces mots peuvent s'employer l'un à la suite de l'autre de manière à créer un effet cumulatif appréciable. *Victor Hugo a produit un texte romantique genre, comme, style.*

gens
1. ~ *d'affaires*. Pour donner l'impression de ne pas être sexiste, l'utiliser au lieu d'*hommes d'affaires*. « Bernard Landry rend hommage aux gens d'affaires de la **capitale*** » (*Le Devoir*, 7 juin 2001). **VOIR** ▶ **vision**. 2. ~ *du pays*. Titre d'une chanson de Gilles Vigneault devenue hymne national, **comme***. 3. ~ *de l'air*. **Coalition*** de contrôleurs aériens qui ont peur de voir voler leur langue en éclats. 4. ~ *d'ici*. Autochtone arrivé après les **autochtones***. Antonyme d'**ethnie***. **VOIR** ▶ **d'ici**. 5. *Nos* ~. Employés. *Prix du chef de la fonction publique, catégorie Valoriser et soutenir les gens, ministère de la Défense nationale, Ottawa.* **VOIR** ▶ **capital humain, gras, lubrifier, mobilité, personnel, portabilité** et **sous-traitance**.

Géranium Iᵉʳ
Sobriquet horticole de l'ex-maire de Montréal, Pierre Bourque, ci-devant directeur du Jardin botanique et grand prêtre de la **fusion***. « Géranium Iᵉʳ retrouve ses racines » (*La Presse*, 7 juin 2003).

gérer
Avoir sur les **bras***. *Il faut savoir gérer son temps. Je gère bien mon alcoolisme, depuis que je consomme**. « Matthew saura-t-il gérer le stress d'un champion du monde ? » (Robert Frosi, *Le clan Hilton*, 2003). **VOIR** ▶ **dealer avec**.

DOUZE MOTS OU EXPRESSIONS

à flusher de votre vocabulaire

Pourquoi les **flusher*** ? Parce que ce sont des incorrections ? **Oui***. Parce que tout le monde les emploie ? Surtout. (Pour être **tendance***, il faut savoir se distinguer.)

attarder (s'~ à)

Le lecteur n'est pas invité à *s'attarder* au présent ouvrage, car alors il *perdrait son temps*. Il ferait mieux de s'y *attacher*.

identifier

Verbe qui manque d'identité. « Une **commission*** spéciale devrait être créée à l'initiative [du Parti québécois] avec pour mandat de **baliser*** les contours de la **souveraineté***, d'en révéler les avantages et d'en identifier les **retombées*** concrètes » (*La Presse*, 5 mai 2000).

incontournable

Contournable. « nStein [...] entend bien [...] être un acteur **majeur*** et incontournable » (*La Presse*, 23 septembre 2000). « Woodstock 2001. À 18 ou 20 ans, le **Sommet*** de Québec est assurément un incontournable » (*La Presse*, 14 avril 2001). « Carte santé à microprocesseur : l'incontournable **débat*** public » (*Le Devoir*, 2 mai 2001). **VOIR** ▶ classique et **culte**.

interpeller

Verbe **passé date***. « À la suite du verdict [...], un **point*** resté en suspens m'interpelle » (*La Presse*, 25 novembre 2003).

nécessairement

Adverbe sans nécessité. «Ainsi, la **création*** [littéraire] ne s'apprend pas nécessairement, mais on peut fournir quelques connaissances pratiques aux étudiants» («Les programmes d'études littéraires, de langues et littératures modernes et d'études anciennes des universités du Québec», janvier 1999). «J'ai pas nécessairement l'intention de découvrir de nouvelles tavernes» (*La Presse*, 16 juin 2001). «Le jeune homme n'a pas été nécessairement très mauvais» (*La Presse*, 31 octobre 2001). «Faire un bébé, c'est grave, ne cessait-il de répéter sans être nécessairement convaincu que ce sport **extrême*** était le chemin à suivre» (*La Presse*, 10 mai 2001).

niveau (au ~ de)

Expression qui nivelle. *Au niveau de mon **orientation sexuelle****. «Ces dames s'étaient toutes mises sur leur 31 en commençant par Aline dans un tailleur rose bonbon façon Jackie Kennedy mais mâtiné de reine d'Angleterre au niveau du sac à main et du sourire royal» (*La Presse*, 24 avril 2001). «La propriété magique d'une plante, ce serait l'élixir qui agit au niveau des pensées ou l'intention derrière la préparation» (*Le Devoir*, 13-14 octobre 2001).

opportunité

Anglicisme, utilisé en lieu et place d'*occasion*. Pour s'en convaincre, le lecteur, se souvenant de Gabrielle Roy, méditera un titre comme *Bonheur d'opportunité*.

problématique

Son emploi pose problème. «La seule chose que je fais c'est de voir des **tendances***, ce que la majorité des gens voient, mais aussi ce que les gens voient moins, soit la problématique derrière la tendance» (*Le Devoir*, 17 août 2000). **VOIR** ▶ **questionnement**.

quitter

BARBARISME ☐ Verbe employé partout sans complément (il ne veut plus *quitter*). En est venu à remplacer presque complètement le verbe **partir***. « Mon voisin se lève et quitte en disant : – *Si je le revoué l'hostie, m'a y crisser ma main su a yeule !* » (Georges Dor, *Anna braillé ène shot [Elle a beaucoup pleuré]. Essai sur le langage parlé des Québécois*, 1996.) Lui préférer **flusher**.

termes (en ~ de)

Trouvez un autre terme. « La récupération systématique des courants musicaux par les trois sphères d'autorité mentionnées ci-dessus a mené à une banalisation des images et à une **rectitude politique*** en termes de ce qui est bon, et ce qui ne l'est pas » (*Argument*, automne 1999).

versus

Mot anglolatin mis à la place de *contre*. Être contre.

vouloir (se ~)

Verbe ayant remplacé le verbe **être***, surtout avec un sujet inanimé, et ce pour des raisons mystérieuses. « [L'ouvrage] se veut pourtant une défense et illustration du bon usage **d'ici*** [...] » (Diane Lamonde, *Le maquignon et son joual*, 1998). « Cette collection se veut une sensibilisation et une initiation aux sciences tout en présentant celles-ci comme partie intégrante du **quotidien*** » (*Info·Tech Magazine*, janvier 2000). « [La] missive électronique se voulait une **montée de lait*** contre les Bridge & Tunnel » (*La Presse*, 20 novembre 2003).

global

VOIR ▸ joueurs et match (plan de ~).

glorieux

À l'époque, joueur du club de hockey les Canadiens de Montréal. Ne l'est plus. VOIR ▸ **cent dix pour cent, coupe (sentir la ~), flanelle, mental** et **puck**.

gnochon

Dans la liste des mots qui servent à désigner les sots, le mot **gnochon** est celui qui convient le mieux pour qualifier les sots par manque de connaissance volontaire. Il est en effet formé du suffixe dévalorisant *-chon* (que l'on trouve dans *folichon, patachon*) et du noyau *gno-* (que l'on trouve dans *gnose, ignorer*). *J'espère que le flo* de Céline sera moins gnochon que sa mère.* VOIR ▸ **deux, épais, gueurlo, moron, nono, snôro, tarla, toton** et **twit**.

go

1. S'activer de façon bien visible. *Être toujours sur la go.* VOIR ▸ **booké** et **goaler**. 2. Monture qui mène à la virée. « Trois jours de congé ? Partez sur une go » (publicité brassicole).

🐢 Se prononce *suàgo*. *Tu* t'achètes une caisse de Torrieuse, et tu pars suàgo.*

goaler

Beaucoup se démener parce qu'on est très **booké***. A un lointain rapport avec le hockey, le gardien de but y étant, dans la langue de Lord Stanley, un *goaler*. VOIR ▸ **go**.

🐢 Le verbe se prononce *go-lé*. Le nom, *go-leur*.

gossant

Emmerdant par épuisement. Se dit des personnes comme des comportements. *Robert est gossant. Les manies de Céline sont gossantes.* A remplacé **achalant***. VOIR ▶ irritant. ❶ Dérive du verbe *gosser*. « Gosser les gens n'est déjà pas très gentil, le faire pour rien tient de l'acharnement » (*La Presse*, 7 juin 2001).

gosser les poils de grenouille

Fendre les cheveux en quatre. Expression popularisée par l'ex-premier ministre du Québec Jacques Parizeau et son ministre Guy Chevrette. A enfanté *gosseux* et *gossage* : « Son mandat est une affaire de "gosseux de poil de grenouille" » (*Le Quotidien*, 6 novembre 2002) ; « Le gossage de poils de grenouille » (*Le Soleil*, 22 avril 1999).

gouvernance

Administration, en plus **tendance***. « C'est pourquoi Gérald Tremblay et l'Union des citoyens et citoyennes de Montréal s'engagent à […] renouveler la gouvernance du développement économique de Montréal pour catalyser les efforts de tous les **intervenants*** et créer des **synergies*** importantes » (programme électoral, 2001).

gradualisme, gradualiste

VOIR ▶ « Le cimetière des mots », p. 152-153.

grandir, avoir été grandi par

Avoir tiré les fruits d'une expérience, avoir retenu la leçon d'un **échec*** ou d'un événement. N'a aucun rapport avec la taille des individus, mais indique probablement quelque nostalgie de l'enfance. *J'ai beaucoup grandi lors de mes deux faillites.* « Une entrevue avec Lucien Bouchard. "On se fête parce qu'on grandit." Avec le sentiment du devoir accompli » (*Le Devoir*, 25 juin 2000). « J'ai grandi dans mon rôle de défenseur » (*La Presse*, 12 février 2000). **VOIR** ▸ **bonheur, chercher, croissance, enfant, feng shui, irritant, nouvel âge, pensée magique, quotidien, ressourcer (se ~), s'investir** et **vécu**.

grappe
Fruit montréalais à **saveur*** économique ; du **partenariat***, **comme***. « Le retour des grappes. Gérald Tremblay propose la création de trois nouveaux "pôles mondiaux" » (*Le Devoir*, 6-7 octobre 2001). **VOIR** ▸ **convergence, gagnant-gagnant, maillage, partenariat, réseautage, synergie** et **vision**.

gras
1. *Couper dans le ~*. Rengaine **néolibérale***, qui dispense de définir ce qu'est le gras et permet l'attrition du **personnel*** à répétition. « Du gras à couper chez Hydro-Québec » (*La Presse*, 14 novembre 2003). **VOIR** ▸ **faire, lubrifier, mobilité, rationalisation, réingénierie, sous-traitance** et **virage à droite**. 2. *~ dur*. État du repu, soit parce qu'il a profité du **bar ouvert***, soit parce qu'il a échappé à la plus récente **rationalisation***, soit parce qu'il s'est empiffré au buffet à **volonté***. Plus généralement, condition du satisfait, du content de lui-même. *Robert est fonctionnaire ; il est gras dur*. **VOIR** ▸ **tabletté**.

gratteux
Billet de loterie à gratter. « Un petit gratteux avec **ça***? » (*La Presse*, 19 août 2000) **VOIR** ▸ **casino, sauf que** et **vidéopoker**. Synonyme pour les *Français de France** : *morpion*.

grave

Caractéristique surtout masculine. *Un **gars*** *grave est parfois un gars* *différent**, voire* ***spécial**** ; *c'est toujours un gars pas comme les autres* *par excès.* **VOIR** ▸ **malade.** ❶ Était beaucoup utilisé dans les années soixante-dix ; devrait donc revenir à la mode.

gros

1. **SUBSTANTIF** □ Il n'y en aurait plus. Le groupe des *personnes qui souf-* *frent d'un excès pondéral* augmente pourtant en proportion inverse des pantalons à leur taille disponibles sur le marché. **VOIR** ▸ **pro-portionnel** et **santé.** 2. **ADJECTIF** □ **VOIR** ▸ **bras, char, classe, max, nerf, pépeine, possible** et **sens.**

groupe

1. ~-*conseil.* À côté de la **table***, mais proche du pouvoir. « Le Groupe-conseil sur l'allégement réglementaire propose un mora-toire sur les nouvelles formalités et l'informatisation afin de réduire la paperasserie » (*Le Devoir*, 10 mai 2001). 2. ~ *de discussion.* Degré zéro du **sommet***. Groupes de discussion sur le financement et l'organisation des services de **santé*** et des services sociaux de l'île de Montréal. 3. ~ *de travail.* À côté de la **table***, mais loin du pou-voir. Groupe de travail sur les problématiques sociales présentes au square Viger. Groupe de travail sur l'examen des organismes gouvernementaux. « Encadrement du secteur financier. Le nou-veau groupe de travail a été formé » (*Le Devoir*, 3 mai 2001). **VOIR** ▸ **audiences, carrefour, chantier, coalition, comité, commis-sion, concertation, consultation, états généraux, festival, forum, partenaires sociaux, rencontre, salon** et **suivi.**

gueurlo, gorlo

1. Être ivre, être sur la **brosse***. *J'ai pris trop de Torrieuse, **fait que*** j'suis gueurlo.* 2. Par contamination avec *grelot* : sot qui résonne. Généralement inoffensif, sauf s'il est gueurlo (**VOIR** ▶ ci-dessus). *Méfiez-vous du gueurlo gueurlo.* « [Les] gorlos qui vous gouvernent, c'est vous qui les avez élus » (*Le Devoir*, 4-5 mai 2002). **VOIR** ▶ **deux**, **épais**, **gnochon**, **insignifiant**, **moron**, **nono**, **snôro**, **tarla**, **toton** et **twit**.

guichet unique

Tous les paliers gouvernementaux en rêvent : rassembler en un seul lieu l'ensemble des ressources insuffisantes. Elles le resteraient, mais le guichet unique permettrait de couper dans le **gras*** et de **rationaliser***, bref de virer des fonctionnaires. « Les jeunes libéraux réclament la création d'un guichet unique de services à la jeunesse » (*Le Devoir*, 13 août 2003). 🛑 Prend de l'expansion : « Vers un guichet unique pour les spécialistes de la vue ? » (*La Presse*, 11 mai 2001)

hacher menu

Faire chier. *Céline dit que Robert les lui hache menu.* Expression affectionnée par les auteurs. « Le chroniqueur Woody Page […] n'y va pas avec le dos du couteau **mettons*** et hache assez menu, merci » (*La Presse*, 26 avril 2001).

handicap

Mot dangereux, lourdement handicapé lui-même. Ne l'utiliser que sur un terrain de golf. VOIR ▸ **malentendant**, **minorité visible** et **non-voyant**.

harcèlement

Le plus souvent sexuel. VOIR ▸ **abusé**.

historique

Récit récapitulatif, résumé. *Lionel, faites-nous l'historique de la deuxième période.*

homme

Archaïsme. Acceptable s'il est accompagné de l'adjectif **rose***, qui change tout. Lui préférer le péjoratif *macho*, ou le neutre *gars** qui fait **cool***. VOIR ▸ **femme**, **garçons** et **mâlitude**.

hostie
VOIR ▸ stie.

hot
Quand ce n'est pas **cool***, pour l'**ado***, le **flo*** ou le **jeune***, c'est **hot**. Dans un cas comme dans l'autre, c'est bien, voire **écœurant***.

huard
Ce palmipède emblématique du dollar canadien a été la victime des **vaches*** maigres. « Le huard boiteux » (*La Presse*, 9 février 2002).

humour
Nouvelle incarnation de Dieu : Il est partout. VOIR ▸ **rire**.

hyper
Beaucoup, en **masse***, **pas à peu près***. Plus châtié que **super***. « Hyper-**tendance***, ma chère » (*Le Devoir*, 23 juin 2000). VOIR ▸ **capoter**, **débile**, **extrême**, **full**, **max**, **méchant**, **méga**, **moyen**, **os** (à l'~), **phat**, **planche** (à ~), **torcher** et **über**.

identifier

VOIR ▶ « Douze mots ou expressions à flusher de votre vocabulaire »,
p. 106-108.

il

VOIR ▶ y.

immense

Unité de mesure de la valeur d'un **artiste*** ou d'un **créateur***.
«Jean-Sébastien Bach: Visages du génie nous présentera effectivement divers aspects de l'œuvre de cet immense **créateur*** » (*Voir*,
24 février 2000). « [Les] fans de cet immense **artiste*** » (*Le Devoir*,
24 octobre 2001). VOIR ▶ **baies James**.

impénétrable

ÉROTISME □ Chasteté sportive. *José Théodore s'est*
voulu impénétrable en 3ᵉ période. VOIR ▶ **mal**
paraître, **puck** et **vouloir (se ~)**.

improvisation

On aurait tort de la considérer comme le sport national du Québec;
c'est un trait anthropologique. VOIR ▶ **travail**.

inclusif, inclusion

À l'intérieur dedans. «Raymond Chrétien vise une approche inclusive avec la France» (*La Presse*, 22 janvier 2001). «Jamais plus il ne faut tolérer ici ou ailleurs que l'on assimile le projet québécois qui est totalement inclusif à quelque dessein **ethnique***** que ce soit» (Bernard Landry, *La Presse*, 22 janvier 2001). «Landry tient un discours "moins inclusif", dit Charest» (*Le Devoir*, 5 mars 2001). «Il y a place pour un nationalisme inclusif s'appuyant sur le français» (*Le Devoir*, 21 mars 2001). «Quand on me dit que l'avenir de mon possible pays est dans l'inclusion, la civilité et l'apologétique, j'ai le goût de dégainer mon revolver» (*Le Devoir*, 22 mars 2001). «Une société inclusive. C'est un monde sans obstacles. Un congrès international sur le design industriel» (*Le Devoir*, 18 mai 2001). «C'est en tablant sur un ensemble de mesures que seront accomplis des effets **structurants*** sur la société québécoise quant au maintien et à l'épanouissement de la langue française comme langue officielle et commune et quant à la recherche d'une cohésion sociale et l'établissement d'une société démocratique inclusive» (rapport préliminaire de la **Commission*** des **États généraux*** sur la situation et l'avenir de la langue française au Québec, juin 2001). «Le bien-être des citoyens de Montréal […] sera au centre de la **démarche*** qui se voudra inclusive de toutes les composantes de la communauté» (programme électoral de l'équipe Tremblay à la mairie de Montréal, 2001). «Au fond, nos bandits, c'est du ben bon monde, la gang est inclusive» (*Le Devoir*, 8-9 décembre 2001). «Inclusifs et créatifs. Le Québec est un pont entre deux mondes» (*Le Devoir*, 22-23 juin 2002). «[Une] métropole qui se veut démocratique et inclusive» (Gérald Tremblay, 9 septembre 2002). VOIR ▶ **civile** (société ~). 🛆 L'antonyme est très vilain. «Citoyenneté québécoise. Un projet rassembleur ou porteur d'exclusion?» (*La Presse*, 25 août 2001)

incontournable

VOIR ▸ «Douze mots ou expressions à flusher de votre vocabulaire», p. 106-108.

indépendance

Archaïsme. Se disait, au Moyen Âge québécois, d'un projet politique aujourd'hui oublié. VOIR ▸ A (**plan ~**), **aile radicale, association, clarté, conditions gagnantes, constitution, enclencher, forces vives, modèle québécois, Môman, partition, plan B, purs et durs, référendum, séparatiste, souveraineté** et **table**.

insignifiant

Personne qui ne veut rien dire. *Mon insignifiant!* «Je voudrais m'excuser de les avoir traités de *trous du cul*. J'aurais dû préciser que c'était des insignifiants et des complices» (*La Presse*, 2 juillet 2003). VOIR ▸ **deux, épais, gnochon, gueurlo, moron, nono, snôro, tarla, toton** et **twit**.

intégrateur

Synonyme approximatif de *fédérateur**, de *porteur** et de *structurant**. «Le discours du PQ se veut pourtant **inclusif** et intégrateur» (*Le Nouvelliste*, 19 avril 2001).

intégration

Bien qu'on la dise surtout *continentale*, elle est une des variantes, voire le synonyme, de la **mondialisation**. VOIR ▸ **libre-échange**.

intégrisme

MÉDIAS ☐ En supposer partout. Ça facilite l'indignation. **VOIR** ▸ **ayatollah, rectitude politique** et **tolérance zéro**. 🔍 Souvent associé à la défense du français (*les intégristes de la langue*) ou de la non-fumée (*les intégristes de l'antitabagisme*). **VOIR** ▸ **fumeur.**

intellectuel

Irritant* sociologique furieusement à la recherche d'un **débat***.

intensité

Propriété de qui est actif, occupé. *Robert, quand il fait une omelette, il est tellement intense!* **VOIR** ▸ **cent dix pour cent, compétiteur, mal paraître, potentiel** et **pression.**

intérêts historiques du Québec

Nécessairement supérieurs, toujours *bafoués*, constamment à défendre, jamais définis. **VOIR** ▸ **société distincte** et **voix.**

interpeller

VOIR ▸ « Douze mots ou expressions à flusher de votre vocabulaire », p. 106-108.

intervenant

N'intervient pas ; est consulté. *Association internationale francophone des intervenants auprès des familles séparées.* **VOIR** ▸ **consultant** et **consultation.**

irritant

Scrupule dans la sandale du marcheur, autrement dit : chose devenue niaiseuseté dont il faut supprimer l'existence afin d'avoir un bon **vécu*** et d'accéder au **bonheur***. *Il faut supprimer les irritants.*

*Un bon psychologue **identifie*** *les irritants. Le rôle du psychanalyste est de vous démontrer combien votre **pôpa*** *(ou votre **môman***) *fut irritant(e).* **VOIR ▶ chercher, croissance, enfant, feng shui, gossant, grandir, nouvel âge, pensée magique, quotidien, ressourcer (se ~), s'investir** et **vie.**

itinérant

1. Euphémisme délicat ou licence poétique pour *individu jeté à la rue pour cause de misère.* On voit aussi *sans-abri.* Désignation préférable à la dure expression **franco-française*** de France : « sans domicile fixe ». **VOIR ▶ mobilité.** 2. Victime d'une bavure policière. « Une nuit fatidique [le 5 septembre 1999] pour Jean-Pierre Lizotte, un itinérant qui ne s'est jamais remis des blessures subies lors de son arrestation pour mourir dans un lit d'hôpital, à demi-paralysé, six semaines plus tard » (*Le Devoir*, 27 avril 2000).

jambes (poil des ~)

Siège d'une excitation réelle ou feinte. *S'exciter le poil des jambes.*
Faire lever le poil des jambes. «On s'excite beaucoup le poil des jambes à l'idée d'aller courir à Indianapolis» (*La Presse*, 8 septembre
2000). «Y'a de quoi s'énerver le poil des jambes» (publicité,
Epildou). «Quand on comprend, on est moins porté à s'exciter le
poil des jambes» (*La Presse*, 14 avril 2001). **VOIR ▸ nerf.** ❶ Existe en
version parodique : «la fièvre printanière n'est qu'une sombre affaire
de molécules qui s'excitent la pilosité de la guibolle» (*Le Devoir*,
3 mai 2001) ; «La chanteuse pousse certes des cris à mettre
la pilosité au garde-à-vous […]» (*Le Devoir*, 16-17 juin
2001) ; «[Ses] parutions étaient trop espacées pour
s'exciter le vieux poil» (*Le Devoir*, 22-23 février 2003).

je

VOIR ▸ m'as. VOIR ▸ «Trois règles grammaticales indispensables»,
p. 72-73.

jeune (le ~)

1. Comme **ado***, **ami*** et **flo***, a remplacé **enfant***. «Votre jeune rêve
à sa musique, vous rêvez à sa **réussite***!» (publicité) «L'infraction

et le jeune» (*La Presse*, 25 mai 2000). «Tasse-toi **mononcle***, viens-t-en le jeune!» (*La Presse*, 12 mars 2001) «Votre jeune et le skateboard» (*La Presse*, 3 mai 2001). Jacques Keable, *La vraie* vie. Ce que tout jeune devrait savoir sur le monde du travail et qu'on ne lui dit pas*, 2001. «L'identité et la place du jeune dans la société» (colloque, Longueuil, 2002). On ne confondra pas *le jeune*, figure proche, *des jeunes*, masse indistincte. Il a son propre langage. **VOIR** ▸ **apprenant, boomerang (enfant ~), comme, décrochage, échec, élève, étudiant, famille dysfonctionnelle, filles, garçons, genre, man, Môman, monoparental, pédagocratie, s'apprenant, s'éducant, style, transversales (compétences ~), yo** et **zéro**. 2. *Droit du travail*. Individu inengageable, qui a l'outrecuidance de manquer d'expérience alors qu'il n'a encore jamais travaillé. Si, par extraordinaire, il trouve à gagner sa vie, a le culot de demander d'être payé comme les autres. **VOIR** ▸ **clause orphelin**.

Jos Connaissant

Célèbre inconnu connu de tous et connaissant tout. 🔴 1. Ne pas le confondre avec Dieu. On peut dire *Il fait son p'tit Jos Connaissant*. On ne peut pas dire *Il fait son p'tit Dieu*. 2. Rare au féminin. «De fait, il y a de trop flagrantes erreurs de jugement et de trop heureuses séquences sur le même disque pour ne pas flairer l'œuvre de la Ti-Jos connaissante» (*Le Devoir*, 11-12 août 2001). 3. Personnage de Victor-Lévy Beaulieu.

joueur(s)

Partenaires sociaux* riches comme Crésus, dont le **plan de match*** est clair: le rester. «Une **opportunité*** historique de créer un joueur **global*** dans le secteur des médias» (*La Presse*, 12 avril 2000).

«Quand on se mesure aux autres joueurs, les joueurs ont beaucoup d'argent» (*La Presse*, 19 août 2000). ❶ Prend de l'expansion : «Un nouveau joueur dans le paysage musical» (*Le Devoir*, 18-19 août 2001).

joueurnaliste

Sportif légèrement en retrait(e). **VOIR ▸ chaises (show de ~), comment ça se fait que…?, communicateur, écoutez, expert, ouvertes (lignes ~ radiophoniques)** et **programme (félicitations pour votre beau ~).**

jovialisme, jovialiste

Variante québécoise de l'épicurisme, prêchée par le «philosophe» André Moreau. Prend une extension de plus en plus large. «La vision "jovialiste" de Landry consterne Parizeau» (*Le Devoir*, 9 juin 2000). «La nouvelle proposition libérale : du "jovialisme constitutionnel", selon Facal» (*La Presse*, 18 janvier 2001). «Véritable boursouflure d'orgueil, le jovialiste **beurre*** tellement épais […]» (*Le Devoir*, 16-17 juin 2001).

kekpart

Désigne une partie de l'anatomie qui n'était pas à l'origine destinée au rangement. *Son projet, il peut se le fourrer kekpart.* ❶ Ne pas confondre avec **quelque part***.

là
Lieu vide. **VOIR** ▸ **rien là (y a ~)**.

leader
MÉLIORATIF □ Tout faire pour en être un. Se dit des personnes comme des collectivités. *Le Québec est leader mondial dans le décrochage* scolaire.* Le préférer *charismatique*. « [Les] troupes péquistes, alourdies par l'usure du pouvoir et privées de leur leader charismatique, se traînent vers un **référendum*** aussi lointain qu'incertain » (*La Presse*, 30 août 2001). « Le Québec, un leader » (*La Presse*, 14 février 2003). **VOIR** ▸ **chef de file**.

le faut
Oui*. Forme ramassée de *Il le faut*. Généralement utilisée pour répondre à la question « Tu travailles toujours aussi fort ? » **VOIR** ▸ **absolument**, **certain**, **définitivement**, **effectivement**, **exact**, **mets-en**, **radical**, **sérieux**, **tout à fait** et **yessssss**.

légendaire
Qui existe depuis quelques années. « Venez manger nos légendaires côtes levées » (publicité). **VOIR** ▸ **mythe**.

libre-échange

Mondialisation* régionale. Relations commerciales entre le Canada et ses voisins, proches (États-Unis) ou lointains (Amérique du Sud). Pas vraiment libre. **VOIR** ▸ **intégration**.

liste d'épicerie

Catalogue des demandes de tout un chacun. Souvent mise sur la **table*** par les **intervenants*** d'un **sommet***. Si tout un chacun obtient ce qu'il a demandé, c'est qu'on a livré la **marchandise***; cela prend parfois la forme du **bar ouvert***. «Infrastructures. La Ville présente une liste d'épicerie de 306 millions» (*La Presse*, 14 juin 2001). «Liste d'épicerie du gouvernement américain pour contrer le bioterrorisme» (*La Presse*, 12 octobre 2001). «L'industrie agroalimentaire présente sa liste d'épicerie» (*La Presse*, 17 octobre 2001). «La liste d'épicerie des entreprises» (*La Presse*, 31 octobre 2001). «Avec ses 2600 propositions, la liste d'épicerie du **Sommet*** de Montréal est gargantuesque» (*La Presse*, 5 juin 2002).

littéraire

1. Valeur mondaine. *L'ambiance de la soirée était très littéraire.* 2. **PSYCHOLOGIE** □ «Belle **âme***» par autoproclamation. *Je suis un littéraire, moi.* **VOIR** ▸ **créateur**, **création** (cours de ~), **écriture** (appel de l'~), **exprimer** (s'~), **livre**, **souveraineté** et **tripes**.

livre

1. Produit du **créateur***. **VOIR** ▸ **âme**, **création** (cours de ~), **dont**, **écriture** (appel de l'~), **exprimer** (s'~), **franco-français**, **littéraire**, **souverain** et **tripes**. 2. *Fermer les* ~. Constater que la victoire est

acquise. « Son successeur […] n'a guère été plus brillant de sorte que les Reds ont pu fermer les livres dès la quatrième manche » (*La Presse*, 27 août 2001). 3. *Dans mon ~* ou *dans mon ~ à moi*. Selon moi. *Dans mon livre à moi, Céline est la plus grande*. « Dans mon livre, tout ce qui sort de Tôt ou tard mérite écoute attentive » (*Le Devoir*, 1er-2 février 2003). 🔔 Il s'agit du plus grand succès de librairie au Québec. *Ne pas voir* **littéraire***. 4. *Jouer le ~*. Terme de baseball. Choisir la stratégie la plus prévisible. *Le gérant a joué le livre*. VOIR ▶ **date-butoir**, **retombées**, **stade** et **vente de feu**.

loafer
VOIR ▶ « Le cimetière des mots », p. 152-153.

Loft story
Loisirs communautaires télévisés. On y **faisait*** ça, **mettons***. « Choisir entre sa ville et la "**réalité***" de *Loft Story*… » (*Le Quotidien*, 13 novembre 2003) VOIR ▶ *Occupation double*, *Star académie* et **téléréalité**.

longue maladie
Atténuation transparente pour *cancer*. VOIR ▶ **aînés**, **autonomie** (**perte d'~**), **dans l'ordre habituel**, **décéder**, **soins palliatifs**, **thanatologue** et **vieillissement de la population**.

lousse
1. Lâche. *La courroie de mon* **aide maritale*** *était lousse*. 2. *Se lâcher ~*. Se laisser aller, être libre, décontracté. « Corcoran ne se lâche jamais vraiment lousse » (*Le Devoir*, 20 avril 2001). « [Lâchés] lousses ils sont, lâchés lousses ils demeureront » (*Le Devoir*, 27-28 juillet 2002).

lubrifier

Vocabulaire de la gestion. Rendre les relations de travail souples et légères. *La **rationalisation***, jointe à la **mobilité*** du **personnel*** et à la **sous-traitance***, lubrifie les relations entre les différents paliers de gestion.* VOIR ▸ **capital humain**, **gens**, **gras** et **portabilité**.

ma, mon, mes

Il est coutumier d'utiliser l'adjectif possessif de la première personne afin d'exprimer une marque d'affectivité envers l'autre, que cette marque soit empathique ou agressive. *Mon **deux*** *de pique, mon **épais****, mon **gnochon****, mon **gueurlo****, mon **insignifiant****, mon **jeune****, mon **moron****, mon **nono****, mon **snôro****, mon **tarla****, mon **toton****, mon **twit****. Veux-tu encore une Torrieuse, mon homme ?* Ce procédé est particulièrement utilisé avec les jurons. *Mon câlice, mon ciboire, mon sacrament, mon **ostie****, mon sibolac, etc.* Les combinaisons ne sont pas exclues et sont particulièrement prisées sur le pont Champlain entre 7 et 9 heures du matin et de 15 h 30 à 18 h 30. *Mon sacrament d'ostie d'moron d'tarla !*

magasiner

VERBE TRANSITIF DIRECT □ Se préparer à acheter. « Magasiner son orthodontiste » (*La Presse*, 13 mai 2001). « Quand je magasine une auto, je me sers un **peu*** de ma tête, et beaucoup de mon postérieur » (publicité). « Des couples américains "magasinent" des mères porteuses au Canada » (*La Presse*, 28 août 2001). « "Magasiner" notre société » (*La Presse*, 25 octobre 2002). « On magasine son bonheur ! » (*La Presse*, 13 janvier 2003)

maillage

Partenariat*, en mieux mêlé. « Dans le cas des biotechnologies, on cherche à donner de la visibilité au **modèle québécois*** et à susciter des maillages avec la France » (*La Presse*, 9 octobre 2003). **VOIR ▶** **arrimage, convergence, gagnant-gagnant, grappe, réseautage, synergie** et **vision**. ❶ N'est pas un terme de tricot. **VOIR ▶ tricoté serré.**

mains (faire dans les ~)

Laisser tomber. « Mais là, la femme de ménage vient de lui faire dans les mains. Alors, c'est la panique » (*La Presse*, 5 octobre 2000).

majeur

Important, au moins localement. « L'Université Laval, acteur majeur du rayonnement international du Québec » (*Le Devoir*, 8-9 septembre 2001). « Citoyenneté : un geste majeur et **structurant*** » (*La Presse*, 15 octobre 2001).

malade

1. **MÉDECINE** ◻ Véhicule du virage **ambulatoire***. **VOIR ▶ autonomie** (perte d'~), **bénéficiaire, civières, salles d'urgence, santé, services essentiels, vitesses** et **urgence**. 2. Personne **grave***. « Ma gang de malades » (chanson de Daniel Boucher).

malentendant

Personne qui, parce qu'elle est sourde, accumule les malentendus. **VOIR ▶ handicap, minorité visible** et **non-voyant**.

mal paraître

1. **POLITIQUE** ◻ Perdre. *Mario Dumont a mal paru aux élections.* **VOIR ▶ tradition.** 2. **SPORTS** ◻ Être nul. *José Théodore a mal paru sur le deuxième but.* Antonymes : **impénétrable***.

mal pris (les plus ~)

Euphémisme délicat pour *ceux qui ne peuvent s'en sortir. Les plus mal pris de la société.* VOIR ▸ **aide sociale, bs, démunis (les ~)** et **prestataire de la sécurité du revenu.**

mâlitude

Plénitude du mâle. « L'arrivée à TQS de *Testostérone* […], qui se veut le "porte-étendard de la mâlitude québécoise", saura-t-elle répondre à la question "What does Quebec man want?"? » (*La Presse*, 14 septembre 2002) VOIR ▸ **femme, garçons, gars, homme, rose (homme ~)** et **vidange.**

man

Avec **genre***, **comme***, **style*** et **yo***, constitue l'essentiel de la ponctuation du langage **ado***.

🔊 Prononcer *mènn* comme dans la marque de désodorisant Mennen.

marchandise (livrer la ~)

Réussir à faire ce que l'on devait faire. N'a plus rien à voir avec le transport. « Le Rocker Dany Kane avait touché le gros lot avec la SQ mais s'est suicidé avant de livrer la marchandise » (*Le Devoir*, 15 mai 2002). VOIR ▸ **liste d'épicerie** et **modèle québécois.**

marché

Croire à ses prétendues lois, même dans le domaine de la poésie. *1er Marché francophone de la poésie de Montréal, juin 2000.* VOIR ▸ **croissance, déréglementation, global, intégration, libre-échange, méga-fusions, mondialisation, néolibéral** et **virage à droite.**

marde

VOIR ▶ steamer de marde (manger un ~).

m'as

Je vais. « Ça fait qu'à l'avenir, m'as dire / Que ça m'tente de faire mes affaires, / OK ? » (« Chez-Nous », chanson de Daniel Boucher) VOIR ▶ choqué, cramper en masse, n'en et tranquillement.

masse (en ~)

Beaucoup. « Je suis triste en masse ! » (*La Presse*, 28 août 2001) VOIR ▶ capoter, cramper en masse, débile, extrême, full, hyper, max, méchant, méga, moyen, os (à l'~), pas à peu près, phat, planche (à ~), super, torcher et über.

matante

Version possessive de *tante*. Souvent redoublé. *Ma matante*. « **Mononcles*** et matantes s'abstenir » (*La Presse*, 10 février 2002). « Matante est pas vite sur les sports **extrêmes*** […] » (*Le Devoir*, 1er mars 2002). « Tasse-toi matante ! » (*La Presse*, 8 avril 2003) VOIR ▶ assez, besoin (de ~), ça, franco-français, gagnant-gagnant, pépeine, pratico-pratique, quand qu'on, qui qui et veut veut pas.

max

Très. S'emploie avec le déterminant – *Robert a bu un max de Torrieuse* – ou avec la préposition – *Céline est débile* au max –, parfois en conjonction avec *gros* : *Robert et Céline ont fait leur gros max pour ne pas être cheapo***. « Mes rééditions, je les veux augmentées au max » (*Le Devoir*, 17-18 mars 2001). VOIR ▶ capoter, extrême, full, hyper, masse (en ~), méchant, méga, moyen, os (à l'~), pas à peu près, phat, planche (à ~), super, torcher et über.

méchant

1. SUBSTANTIF □ Ce qui nuit au bien-être. *Prendre une **brosse*** à la Torrieuse, ça fait sortir le méchant.* « Purge, exutoire, appelez ça comme vous voulez : avec elle, le méchant sort, la vérité sue de tous les pores » (*Le Devoir*, 29 janvier 2001). « Cynisme assumé par l'auteur : fallait bien que le méchant sorte » (*Le Devoir*, 1er-2 juin 2002).
2. ADJECTIF □ D'importance. « [Cette] évacuation de la valeur pose un méchant problème lorsqu'il s'agit pour moi de tenter de réfléchir *mon* rapport à la culture » (*Argument*, automne 1999). « Méchant casse-tête à l'horizon » (*La Presse*, 27 février 2001). « Méchant samedi sur RDS » (*La Presse*, 25 octobre 2002). « Méchant pétard » (chanson de Shaka). **VOIR ▶ capoter, débile, extrême, full, hyper, masse (en ~), max, méga, moyen, os (à l'~), pas à peu près, phat, planche (à ~), super, torcher** et **über**.

méchant [...] que

COMPARATIF □ Très, beaucoup, considérable. « Méchant loser que celui qui se tape 140 minutes de Philadelphie-Pittsburgh alors que les beaux jours de mai ouvrent les vitrines des petits bars et que la jupe devient jupette, vous dites-vous peut-être à part vous » (*Le Devoir*, 6-7 mai 2000). « Méchant poisson d'avril que la firme Léger et Léger vient de lancer au chef libéral Jean Charest » (*La Presse*, 1er avril 2000). **VOIR ▶ moyen**.

méga

Mieux que bien, plus grand que grand. « J'ai eu droit, aujourd'hui, à une journée particulièrement fertile en méga-**full***-**hot***, papa, et en **style***-**genre***-**comme***. Avez-vous un antidote, vous ? » (*Le Devoir*, 11-12 août 2001) « Cette année, organismes charitables et médias s'unissent dans une seule mégaguignolée» (*La Presse*, 29 novembre 2001). «Cinéma **extrême***. Aucun film ne peut devenir un méga-succès sans les **ados***» (*La Presse*, 17 novembre 2001). «Mégastars, mégaentreprises, mégaenjeux» (*Le Devoir*, 11 mars 2002). «Méga-procès des Hells» (*Le Soleil*, 8 janvier 2003). «L'appui aux méga-hôpitaux en chute libre» (*La Presse*, 12 mai 2003). «Les mythes de la **mégaville***» (*La Presse*, 19 juin 2003). VOIR ▶ **capoter**, **débile**, **extrême**, **hyper**, **masse** (en ~), **max**, **méchant**, **moyen**, **os** (à l'~), **pas à peu près**, **phat**, **planche** (à ~), **super**, **torcher** et **über**.

mégafusions
Suivraient les lois du **marché***. Hochet **néolibéral***.

mégaville
Résidu (menacé) d'une **fusion*** municipale. VOIR ▶ **adhésion**, **arrondissement**, **défusion** et **partition**.

mental
SUBSTANTIF ☐ Muscle dominant du sportif. «Sa technique est supérieure, dans le long jeu comme dans le petit jeu. Et son mental vaut bien celui d'Ali, Jordan, Gretzky» (*La Presse*, 10 avril 2001). «Bien sûr, expertiseront les **experts***, il ne faut pas oublier le mental» (*Le Devoir*, 16-17 février 2002). «Le mental, [...] c'est 75 % du hockey même quand on joue physique, et 68,2 % quand on donne son 110» (*Le Devoir*, 23-24 février 2002). VOIR ▶ **cent dix pour cent**, **compétiteur**, **coupe** (sentir la ~), **flanelle**, **glorieux** et **puck**.

messe (y a du monde à ~)
Nombreux. *Ne pas voir* **religion**. 🛈 Ne pas confondre avec l'expression **franco-française*** *avoir du monde au balcon*: le *balcon* n'est pas un *jubé*.

métier (ce ~-là)

Travail de l'**artiste***. *Il y a longtemps que Céline fait ce métier-là.* VOIR ▶ prix (remise des ~).

mets-en

Oui* à **valeur ajoutée***. « Le Québec est-il laid ? Mets-en ! » (*La Presse*, 31 décembre 2002) VOIR ▶ absolument, certain, définitivement, effectivement, exact, le faut, radical, sérieux, tout à fait et yessssss.

mettons

À titre d'exemple, mais avec une intention ironique. « Les Mohawks, mettons » (*La Presse*, 7 octobre 2000). « Saint-Pascal-de-Kamouraska, mettons » (*Le Devoir*, 17 octobre 2000). « Désarmant **pas à peu près***, mettons » (*La Presse*, 4 avril 2001). « Comme la tuberculose mettons, le génie est contagieux » (*La Presse*, 12 mai 2001).

minorité visible

Allophone*, **autochtone*** ou **ethnie*** visible à l'œil nu. VOIR ▶ blanc, chinois (pâté ~), communautés culturelles, empanada, général Tao, nations (premières ~) et souche. ❶ Le **malentendant*** est une *minorité inaudible*, mais qui perçoit la *minorité visible*. Le **non-voyant*** ne saurait pas reconnaître une *minorité visible*, mais il pourrait l'entendre. Dans un cas comme dans l'autre, il y a **handicap***, au moins partiel.

mitan

1. Synonyme de *ménopause*. *Céline est au mitan de sa vie.* 2. Synonyme de *démon de midi*. *Robert est au mitan de sa vie.*

PERROQUET D'ARGENT

modèle québécois

Grande question du nouveau millénaire : « Exit le modèle québécois ? » (*La Presse*, 24 février 2003) ; « Un modèle à revoir ? » (*La Presse*, 14 juin 2003)

Plus pertinemment : pourquoi le suivre, vu les résultats ? « À l'origine, le modèle québécois s'est résumé en une phrase, un slogan, celui du "Maîtres chez nous" de Jean Lesage. Aujourd'hui, avec les Bombardier, troisième avionneur de la Terre, et Quebecor, premier imprimeur au monde, nous sommes plus maîtres chez nous que probablement quiconque au Canada. De ce point de vue-là, le modèle a livré la **marchandise***. Il faut maintenant lui demander autre chose, et le nouveau slogan, c'est aussi un beau programme, est celui d'être riches chez nous » (un ministre, *Le Devoir*, 22-23 janvier 2000).

Plusieurs ne l'aiment pas / plus. Les **gens*** d'affaires : « Les manufacturiers du Québec souhaitent une révision du modèle québécois » (*La Presse*, 4 mai 2001). Le gouvernement libéral élu en avril 2003 : « Charest annonce un tout nouveau modèle québécois » (*La Presse*, 30 avril 2003) ; « Les libéraux réviseront le modèle québécois » (*Le Devoir*, 17-18 mai 2003).

S'applique dorénavant à toutes sortes de domaines. Marijuana : « Mari : Cauchon refuse le modèle québécois » (*La Presse*, 4 juin 2003). Culture : « En culture, le modèle québécois ne convient plus » (*Le Devoir*, 28 février 2003). Théâtre : « Théâtre : remise en question du "modèle québécois" » (*Le Devoir*, 29 janvier 2003). Commerce : *Le commerce électronique. Y a-t-il un modèle québécois ?* (Jean-Paul Lafrance et Pierre Brouillard, 2002)

Existerait aussi *en canadien*, mais ça se discute : « On ne se rend pas toujours compte qu'il existe un modèle canadien » (*La Presse*, 30 décembre 2000) ; « Un modèle canadien ? » (*La Presse*, 16 septembre 2002) ; « Le modèle canadien de Kymlicka » (*Le Devoir*, 19-20 juillet 2003).

S'exporterait (a beau mentir qui vient de loin) : « Le "modèle québécois" intrigue le Maghreb » (*Le Devoir*, 22 mai 2002) ; « Claude Blanchet vend le modèle québécois aux Brésiliens » (*La Presse*, 25 novembre 2003) ; « Le modèle québécois inspire le Mexique » (*Le Devoir*, 29 novembre 2003).

VOIR ▶ **ambulatoire (virage ~), autonomie (perte d'~), bénéficiaire, civières, garderie, indépendance, malade, noirceur (la grande ~), purs et durs, réingénierie, Révolution tranquille, salles d'urgence, santé, services essentiels, souveraineté** et **vitesses.**

mobilité

TRAVAIL □ Qualité recherchée dans le **capital humain***. *Le chef du personnel* doit savoir gérer* la mobilité de ses gens* et couper dans le gras**. **VOIR** ▶ **lubrifier**. ❶ Version noble : **portabilité***. Version moins noble : **itinérant***. Version libérale : **sous-traitance***.

modèle québécois

VOIR ▶ p. 138-139.

modération

PUBLICITÉ □ « La modération a bien meilleur goût » (slogan de la Société des alcools du Québec). Faut-il comprendre qu'il faut moins boire, donc moins acheter de bouteilles, donc verser moins de taxes à l'État, donc finir par payer plus d'impôts ?

modernité

Y croire ! « Plus que jamais, le Québec, comme État, comme peuple, doit entrer dans la modernité » (un ex-premier ministre du Québec, *Le Devoir*, 6-7 mai 2000). **VOIR** ▶ **postmodernité** (peut-être).

moins un

POLITIQUE et **RARE** □ Si son antonyme *plus un** est extrêmement courtisé par les marchands et les politiciens, *moins un* se rencontre rarement. Cet individu anonyme de valeur strictement arithmétique est néanmoins d'une grande importance. S'il est devenu dicible qu'un vote se gagne à 60 % ou à 40 % **plus un***, il faudrait pouvoir en conclure qu'un vote se perd à 60 % ou à 40 % *moins un*. Le paradoxe, cependant, est que le **un** qui ferait gagner l'élection est aussi celui qui la ferait perdre, de sorte que cet individu serait un incivique total, puisque, au bout du compte, il aurait voté une fois, mais de façon à ce que son vote compte pour deux voix. C'est pourquoi cet individu anonyme de valeur strictement arithmétique est bel et bien l'ennemi *numéro un* dans toute démocratie, de quelque vice de forme qu'elle soit. VOIR ▸ **plus un, quarante plus un, soixante plus un** et **voix**. ❶ Ne pas confondre avec *un moins*. VOIR ▸ **plus (un ~)**.

Mom

Surnom d'un motocycliste et homme d'affaires : Maurice « Mom » Boucher. VOIR ▸ **méga, personne (bonne ~)** et **sauf que**.

môman

VIEUX □ Personnage légendaire, proche du Bonhomme Sept-Heures, qui débarqua avec l'armée de Wolfe lors de la bataille des plaines d'Abraham à Québec en 1759. Quoiqu'elle leur apparaisse à la nuit (VOIR ▸ **noirceur [la grande ~]**), certains l'aperçoivent régulièrement dans leur tasse de thé et lui reconnaissent même des incarnations éphémères dans Maman Plouffe ou dans Lise Payette. Pour eux, l'action néfaste de cette *mère phallique* sur le Québec peut tout expliquer, par exemple l'excessive importance politique et morale du clergé aux XIXe et XXe siècles, ou bien le résultat des **référendums*** de 1980 et de 1995, ou encore le succès d'*Elvis Gratton* et d'André-Philippe Gagnon, et même la plupart des difficultés sexuelles éprouvées par les héros de Michel Tremblay et par les descendants spirituels de Lionel Groulx. VOIR ▸ **ado, ami, boomerang (enfant ~), enfant, famille dysfonctionnelle, flo, jeune, Môman** et **monoparental**.

Môman

TÉLÉVISION □ Personnage de la série télévisée *La petite vie*. Travesti déguisé en *mère phallique*, à moins que ce ne soit le contraire. VOIR ▸ **Creton, dinde, môman, Pôpa** et **vidange**.

moumoune

Il y a jadis naguère, surtout dans les cours d'école, désignait l'efféminement, voire l'homosexualité. Désigne aujourd'hui une faiblesse supposée, et désapprouvée.

Ce mot, depuis quelque temps, semble surtout utilisé dans le domaine sportif pour ridiculiser un joueur ou une équipe. « Avons-nous une équipe de moumounes ? » (*La Presse*, 17 octobre 2002) « Si un gardien est trop moumoune, qu'il reste dans son but » (*La Presse*, 9 janvier 2003). « Je lui ai dit : tu peux continuer à jouer en *moumoune* ou jouer comme un homme » (*La Presse*, 6 août 2003). « Gilbert trouvait que la visière seule faisait un **peu*** trop moumoune alors qu'un véritable champion doit faire peur au moins un peu » (*Le Devoir*, 9-10 août 2003). « Il s'en trouve encore pour dire que les joueurs de tennis sont un peu moumounes parce qu'ils s'arrêtent de jouer à la moindre goutte de pluie » (*La Presse*, 11 août 2003). « Ces **gars***-là ne sont pas des moumounes, mes amis, croyez-moi » (*La Presse*, 6 octobre 2003).

L'emploi du mot n'est cependant pas limité qu'au sport. « Les musiciens de l'OSM sont-ils des moumounes ? » (*La Presse*, 18 avril 2002) « Et, chaque fois, on se retrouve avec un quatuor un peu moumoune » (*Le Devoir*, 1er-2 juin 2002). « J'en connais même qui auraient aidé la dame, il y a des policiers assez moumounes pour cela, j'en connais » (*La Presse*, 29 juin 2002). « Moumoune de Montréal » (*Le Devoir*, 4 octobre 2002). « Suggérez-vous comme vos fils, que les **filles*** sont meilleures à l'école parce qu'elles sont un peu connes et un peu moumounes ? C'est le nouveau discours féministe ? Ben **cout'donc*** »

(*La Presse*, 8 octobre 2002). «Des jobs de femme, de moumoune, et pas très payantes en plus» (*Le Devoir*, 18 octobre 2002). «Non, messieurs dames, si vous cherchez des moumounes, ne perdez pas votre temps, ce n'est pas aux États que vous en trouverez» (*Le Devoir*, 31 octobre 2002). «Ceci pour dire que voilà la preuve que les marins ne sont pas des moumounes» (*Le Devoir*, 7 novembre 2002). «Ce n'est pas un hasard si "moumoune" rime avec "Sigmund"» (*Le Devoir*, 10 juin 2003). «Pfff. Sont un peu moumounes, les Ontario-Américains, trouvez pas?» (*Le Devoir*, 16-17 août 2003) «Pas besoin d'être moumoune pour apprécier!» (*La Presse*, 17 août 2003) «Messieurs, ce n'est pas parce que vous faites des affaires un peu *moumounes* que vous en êtes une!» (*La Presse*, 19 août 2003) «Les policiers seraient-ils, à force de communautarisme, en train de devenir un petit peu moumounes dans les encoignures?» (*La Presse*, 20 octobre 2003)

La *moumoune* est victime de sa *moumounerie*. «Toutes ces moumouneries étaient inutiles pour un Bleuet qui a fait la drave» (*La Presse*, 1er mars 2003).

Il y a fort à parier que l'homme **rose*** et la moumoune sont proches parents.

VOIR ▸ deux, gai (village ~) et orientation sexuelle.

monde

I. **SUBSTANTIF PLURIEL** □ Plusieurs. *Le monde sont pas arrivés.* 2. Quand précédé de *vrai*, le terme signifie non-**intellectuel***. *Le vrai monde comprend Céline.* « La **tendance*** qui monte en matière de VM [vrai monde] est la société civile [...] » (*Le Devoir*, 9-10 février 2002). « Le vrai monde de [Mario] Dumont » (*Le Devoir*, 12-13 avril 2003).

mondialisation

Forme **néolibérale*** de l'égalitarisme. **VOIR** ▸ **intégration**, **libre-échange** et **virage à droite**.

mononcle

Version possessive d'*oncle*. Souvent redoublé. *Mon mononcle.* **VOIR** ▸ **assez**, **besoin** (**de ~**), **ça**, **franco-français**, **gagnant-gagnant**, **matante**, **pépeine**, **pratico-pratique**, **quand qu'on**, **qui qui** et **veut veut pas**.

monoparental

Une famille monoparentale ? Pourquoi pas. Une mère monoparentale ? Non. Un « chef de famille monoparentale » (Radio-Canada, 10 avril 2000) ? Ce serait qui au juste, le parent unique ou l'unique parent ? **VOIR** ▸ **ado**, **boomerang** (**enfant ~**), **enfant**, **famille dysfonctionnelle**, **flo**, **jeune** et **Môman**.

montée de lait

Indignation subite et de peu de portée. « Permettez une autre **petite*** montée de lait » (*La Presse*, 19 avril 2001).

moron

Plus massivement bête que le **deux*** de pique, l'**épais***, le **gnochon***, le **gueurlo***, le **nono***, le **tarla***, le **toton*** et le **twit***. « [Au] Québec […] il n'y a pas eu de morons comme premiers ministres depuis longtemps » (*La Presse*, 5 novembre 2000). « Revenu Québec n'a pas trouvé d'autres "morons" » (*La Presse*, 18 juin 2001). **VOIR** ▶ **ami**.

mort (pas mieux que ~)

Quasi **décédé***. Se dit des personnes comme des choses. « Pour le célèbre éditeur du marquis de Sade, l'érotisme n'est pas mieux que mort en ce début de millénaire » (*Le Devoir*, 21-22 avril 2001).

moteur (élément ~)

Membre actif, voire **proactif***. *Céline est l'un des éléments moteurs de la culture québécoise / canadienne.* **VOIR** ▶ **facteur significatif**.

motomarine

Chancre riverain. **VOIR** ▶ **cellulaire** et **trottinette motorisée**.

motton, moton

1. Argent. En avoir en grande quantité. *En avoir un motton de collé kekpart**. 2. Peine, voire **pépeine***. *Avoir le motton.* « Quand je pense que je vais en avoir le cœur net bientôt, un motton bloque ma gorge » (Danielle Charest, *L'étouffoir*, 2000). « Vous avez le droit d'avoir le motton » (*Le Devoir*, 22 mai 2001). « [Moi] qui ai un **peu*** le moton à l'idée de vous quitter […] » (*Le Devoir*, 11-12 août 2001). 3. Gros grumeau. *Il y a toujours un motton de fromage dans la **poutine*** de la mère de Céline.*

moumoune

VOIR ▶ p. 142-143.

moyen

1. Entièrement, complètement, totalement, si précédé d'une néga-
tion. *C'est pas un moyen **moron****. 2. Sinon, d'une étonnante ampleur.
*C'est un moyen **toton****. *Il a **quitté*** sur un moyen temps.* « Tu parles
de moyens **baveux*** » (*Le Devoir*, 10-11 mai 2003). **VOIR** ▶ **capoter,
débile, extrême, full, hyper, masse (en ~), max, méchant, méga,
os (à l'~), pas à peu près, phat, planche (à ~), super, torcher** et
über. ❶ A migré chez les **Français de France*** : « On a peut-être
oublié qu'après la Libération, le livre de poche fut une moyenne
révolution » (*Libération*, mai 2000).

muffé

VOIR ▶ « Le cimetière des mots », p. 152-153.

multipoqué

État du **jeune*** qui a en bavé, au point d'avoir une piètre **estime
de soi***. « Ils sont nés avec le féminisme, ils ne sont pas encore multi-
poqués fonctionnels de l'amour [...] » (*Le Devoir*, 1er mars 2002).

mythe

1. Matière inerte – parfois collante – sur laquelle travaille le méca-
nicien. « Oubliez les quatre murs du CLSC et le règne du "chacun
dans sa **cour***", la région de Beauport déboulonne tous les mythes
qui collent à notre système de santé » (*Le Devoir*, 4 juin 2001).
« Permettez que l'on déboulonne le mythe des méga et gigahertz
en lieu et titre des statues de Lénine » (*Le Devoir*, 4 septembre
2001). **VOIR** ▶ **légendaire.** 2. Ballon. « Breton dégonflera le mythe
du **déficit zéro*** » (*Le Devoir*, 26-27 avril 2003).

nation

Vaste question, problème vaste. **VOIR ▶** table.

nations (premières ~)

Pure laine* avant la lettre, **ethnie*** avant le mot, **souche*** avant le bûcheron. Dans la langue ancienne : *Amérindiens* ou ***autochtones****. **VOIR ▶** **blanc** et **dialogue**.

nécessairement

VOIR ▶ « Douze mots ou expressions à flusher de votre vocabulaire », p. 106-108.

n'en

Renforcement de *en*, lequel menace de ne pouvoir se suffire à lui-même s'il est perdu au fond d'une phrase. *À n'en lire beaucoup, m'as* y arriver.*

néolibéral

Commun. Chez certains, insulte : *Mon **ostie*** d'néolibéral !* Chez d'autres, louange : *La **rationalisation*** économique néolibérale articule avec **vision*** les **convergences*** et les **synergies*** de la richesse aux **maillages*** et aux **réseautages*** de la **solidarité*** au niveau du**

*nouvel ordre mondial régi par le **marché* global*** et son **arrimage***
de partenariats*. *Ne plus voir* libéral. **VOIR ▸ déréglementation,
faire, gagnant-gagnant, grappe, gras** et **virage à droite.**

nerf

1. *Gros ~*. Organe de la sensibilité. *Être sur le gros nerf*. « Sur le gros
nerf : à cause du pétrole, notamment » (*La Presse*, 16 mars 2003).
VOIR ▸ bas (manger ses ~) et **jambes (poil des ~).** 2. *Les ~*. Se prononce sur un ton impatient mais encore amical pour inviter un
interlocuteur à se calmer. *Les nerfs, Chose* !* **VOIR ▸ nez (respirer par
le ~)** et **pompon.**

Newtown

Nom de famille internationalisé d'un pilote de vroum-vroum québécois domicilié à Monaco. **VOIR ▸ bleaché** et **cirque.**

nez (respirer par le ~)

Se calmer. « Le relais Mont-Royal. Lieu de silence. Une occasion
de respirer par le nez » (Montréal, 2000). « Grâce à la rivière Sas-
katchewan qui la traverse de part en part, Saskatoon échappe à la
monotonie des Prairies et permet au visiteur de respirer par le nez »
(*La Presse*, 13 juin 2001). **VOIR ▸ montée de lait, personnel, pompon** et **stressé.** ❶ Héritage du philosophe allemand Emmanuel
Kant dont on sait qu'il se faisait un devoir de ne respirer que par le
nez au cours de ses longues promenades méditatives. Au
Québec, cette pratique fort courante a quitté le
terrain de la philosophie pour gagner celui de la
polémique. En effet, qui respire par le nez est supposé calmer sa colère ou son indignation. S'emploie

à l'impératif pour faire mousser davantage un interlocuteur **frustré*** ou **choqué***.

niveau (au ~ de)

VOIR ▶ « Douze mots ou expressions à flusher de votre vocabulaire », p. 106-108.

nœud (frapper un ~)

Être entravé dans sa **croissance***. « Quatre ans après la **fusion***, Toronto frappe un nœud budgétaire » (*La Presse*, 3 février 2001).

noirceur (la grande ~)

Désigne l'obscurité des lumières québécoises avant la nationalisation de l'électricité. **VOIR** ▶ **clarté, éteindre (s'~)** et **Révolution tranquille**. ❶ Existe désormais *extra-muros*. « La grande noirceur des Irakiennes » (*La Presse*, 30 mars 2003).

nono

Synonyme affectueux de ***toton****. « Soyons contents sans être nonos » (*La Presse*, 19 novembre 2003). **VOIR** ▶ **deux, épais, gnochon, gueurlo, insignifiant, moron, snôro, tarla** et **twit**. ❶ Est *nono* qui est victime de sa *nounounerie*. « Tâchons de nous réjouir sans sombrer dans la *nounounerie* » (*La Presse*, 19 novembre 2003).

non-voyant

Aveugle qui ne voit pas du tout. **VOIR** ▶ **handicap, malentendant** et **minorité visible**.

nouvel âge

Rétro-**cheminement* proactif*** vers l'état (supposé) de nature. **VOIR** ▶ **bonheur, chercher, croissance, enfant, feng shui, grandir,** irritant, jovialisme, pensée magique, quotidien, ressourcer (se ~), s'investir et vécu.

nul

Plus que fatigué. *Robert a pris une **brosse*** *à la Torrieuse hier; aujourd'hui, il est nul.* VOIR ▸ **détruit.**

Occupation double

Loisirs communautaires télévisés. On s'y préparait à **faire*** ça, **genre***. « *Occupation double* : la romance sur commande peut-elle fonctionner ? » (*La Presse*, 9 septembre 2003) VOIR ▸ *Loft story*, *Star académie* et **téléréalité**.

œuvrer

Plus noble que *travailler*.

on

1. Pronom personnel de la deuxième personne du singulier et du pluriel. *On prendrait un **petit*** dessert avec **ça*** ?* 2. Pronom personnel de la première personne du pluriel. « On est six millions, faut se **parler*** » (slogan publicitaire des années soixante-dix). VOIR ▸ a, tu, vous et y. VOIR ▸ « Trois règles grammaticales indispensables », p. 72-73.

opportunité

VOIR ▸ « Douze mots ou expressions à flusher de votre vocabulaire », p. 106-108.

LE CIMETIÈRE
des mots

Quelques mots ont essayé de s'imposer (plus ou moins) récemment, mais sans succès. D'autres ont disparu au fil du temps. Exemples.

achalant

A été **flushé*** par **gossant***.

bogue

Invité surprise du réveillon du millénaire. N'est pas venu.

gradualisme, gradualiste

Dans les années 1970, les apôtres mous de la **souveraineté***, Claude Morin en tête, parlaient d'*étapisme*. En 1999-2000, on parlait plutôt, Jean-François Lisée, Denis Monière et Guy Bouthillier à l'appui, de *gradualisme*. Sous d'autres cieux, on préférerait *danse des petits pas*. «Après quelques moments d'égarement vers des théories déviationnistes, les péquistes ont enterré toutes velléités gradualistes et sont revenus à la pensée originelle du parti. Pas question que le prochain **référendum*** se tienne sur d'autres options que la souveraineté et le Québec sera intégralement français» (*Le Devoir*, 13 mars 2000).

loafer

A **quitté***. **VOIR** ▶ **vedge**.

muffé

Ne dites pas **muffé**; dis **détruit***.

phat

MÉLIORATIF □ « "C'était phat, ta soirée?" Traduction : c'était gros, géant, **cool***?» (*La Presse*, 3 novembre 2000) **VOIR** ▶ capoter, débile, extrême, full, hyper, masse (en ~), max, méchant, méga, moyen, os (à l'~), pas à peu près, planche (à ~), super, torcher et über.

quétaine

Ringard, plouc, nul, **cheapo***. Archaïsme (celui qui le dit, c'est lui qui l'est). « Toute la musique des années 1960 au Québec – **rétro*** mais pas "quétaine" » (*Sympatico. Le magazine Internet*, septembre-octobre 2001). 🔵 On voit aussi *kétaine*. Ce n'est pas mieux.

radical

Oui*. « Le parent demande à son fils : "C'était bien ta soirée hier ?" Le **jeune*** répond : "Radical !" » (*La Presse*, 29 mars 2001) **VOIR** ▶ absolument, certain, définitivement, effectivement, exact, le faut, mets-en, sérieux, **tout à fait** et yessssss.

tripper

Né dans les poussiéreuses et **jovialistes*** années soixante. Associé à l'origine à la drogue. S'utilise aujourd'hui pour ce qui rend joyeux, hilare. « Osez tripper. Osez la liberté. Osez voyager » (publicité). 🔵 A donné notamment *trippant* et *trippatif*. Ce dernier mot ne s'utilise plus qu'à la radio de Radio-Canada. **VOIR** ▶ festival.

twit

Genre d'**épais*** particulièrement peu nocif. A connu le même sort que **quétaine***. « Du mérite de certains twits » (La Presse, 4 septembre 2001). **VOIR** ▶ deux, gnochon, gueurlo, insignifiant, moron, nono, snôro, tarla et toton.

orientation sexuelle
Tout le monde devrait en avoir une. Au moins. N'a rien à voir avec
le **taux de féminité***. VOIR ▸ deux, fierté, moumoune et niveau de
(au ~).

orphelin
VOIR ▸ clause orphelin.

orphelins
Toujours au pluriel, toujours *de Duplessis*. Ont été **abusés***.
VOIR ▸ noirceur (la grande ~).

os (à l'~)
Beaucoup. « "Canadian" à l'os ! » (*La Presse*, 28 septembre 2000)
Les Québécois « s'entêtent à parler et à défendre leur langue alors
que tout les pousse à se fondre dans l'horizon anglophone et améri-
canisé à l'os » (*La Presse*, 7 juin 2001). VOIR ▸ capoter, débile, extrême,
**full, hyper, masse (en ~), max, méchant, méga, moyen, pas à peu
près, phat, planche (à ~), super, torcher** et **über**.

ostie
VOIR ▸ stie.

oubedon
Ou.

oui
Ne se crie plus guère que dans le plaisir. *Oui, Robert, ouiiiiiiiiiiiii !*
Lui préférer **absolument***, **certain***, **définitivement***, **effectivement***, **exact***, **le faut***, **mets-en***, **radical***, **sérieux***, **tout à fait***
et **yessssss***. VOIR ▸ **pantoute** et **référendum**.

ouvertes (lignes ~ radiophoniques)

Anglicisme pour **tribunes téléphoniques**. Sur les ondes de diverses radios, temps quotidien exclusivement réservé à l'expression directe du public. Noble en sa création («permettre à chacun de s'**exprimer***»), cette institution radiophonique, «qui a de formidables cotes d'écoute», ressemble quelquefois, selon le degré de bêtise des animateurs qui s'en occupent, à un égout idéologique à ciel ouvert où se déverse tout ce qui fait le petit fascisme ordinaire : délations, insultes, ressentiments hargneux, racisme, sexisme, populisme, etc. VOIR ▶ chaises (show de ~), **comment ça se fait que…?**, **communicateur**, **écoutez**, **expert**, **joueurnaliste** et **programme (félicitations pour votre beau ~)**.

ozone

En remettre une couche.

pantoute

1. Non. – *Je peux prendre une gorgée de ta Torrieuse ? – Pantoute !*
VOIR ▶ **oui**. 2. Pas du tout. *Le dernier **album*** de Céline, je l'aime
pas pantoute.* **VOIR** ▶ **tolérance zéro** et **toutte**.

parader

Se présenter devant un tribunal. « Tie Domi a paradé, hier matin,
devant le préfet de discipline de la LNH » (*La Presse*, 5 mai 2001).
VOIR ▶ **actionner** et **saisi**.

par exemple

Pas du tout. *Des photos sans permission de Céline ? Robert ne trouve
pas ça drôle par exemple.*
🗨 Se prononce *parzemple*.

parler

VOIR ▶ **asseoir** (s'~), **café**, **échanger**, **parler de** et **perler**.

parler de

MÉDIAS ▢ Le **communicateur*** ne peut se contenter de communi-
quer ; il lui faut souligner qu'il communique. Il ne dira pas « Le
déficit est de 100 000 000 $ », mais « On parle là d'un déficit de

100 000 000 $ ». « Dans les **raves***, on parle de communion de groupe, de transe en danse, comme si on faisait corps avec les autres et avec le rythme » (*Le Devoir*, 16 mars 2001). « On parle aussi d'**enfants*** dont le **vécu*** est très lourd » (*La Presse*, 21 mars 2001). « De quels changements parle-t-on ? » (*Le Devoir*, 3-4 mai 2003) « [On] parle de plus de 120 millions en **retombées économiques*** » (*La Presse*, 22 juin 2003). « On parle de 60 millions de retombées » (*La Presse*, 8 août 2003).

partenaires sociaux

Lors d'**audiences***, d'un **carrefour***, d'un **chantier***, d'un **comité***, d'une **commission***, d'une **consultation***, d'**états généraux***, d'un **forum***, de **rencontres*** d'un **groupe-conseil***, d'un **groupe de discussion***, d'un **groupe de travail***, d'un **sommet***, d'une **table d'aménagement***, d'une **table de concertation***, d'une **table de convergence***, d'une **table de prévention***, d'une **table de suivi*** ou d'une **table ronde***, cherchent un **consensus*** né d'une **concertation***. Ne participent pas **nécessairement*** aux **festivals*** et aux **salons***. Se rassemblent parfois en **coalition***. VOIR ▶ **joueurs** et **suivi**.

partenariat

Économique, politique, etc. Être très pour. VOIR ▶ **arrimage**, **association**, **convergence**, **gagnant-gagnant**, **grappe**, **maillage**, **réseautage**, **référendum**, **synergie** et **vision**.

partir

VOIR ▶ **go** et **quitter**.

partition

POLITIQUE FÉDÉRALE, PROVINCIALE et MUNICIPALE □ Théorie géopolitique d'après laquelle tout petit territoire est sécable s'il en est un de sécable plus grand que lui. **VOIR ▶ A (plan ~)**, **adhésion**, **aile radicale**, **association**, **clarté**, **conditions gagnantes**, **constitution**, **défusion**, **deux**, **enclencher**, **forces vives**, **fusion**, **indépendance**, **mégaville**, **modèle québécois**, **moins un**, **Môman**, **plan B**, **plus un**, **purs et durs**, **quarante plus un**, **référendum**, **séparatiste**, **soixante plus un**, **souveraineté**, **tables** et **voix**.

pas à peu près

Complètement. Cet intensif se place après l'expression qu'il module. « Mais voilà que cette grande pimbêche arrive et éternue pas à peu près, causant la chute de celles qui la suivent » (*La Presse*, 22 août 2000). « Un hit, la tuque de Théo ? Pas à peu près » (*La Presse*, 25 novembre 2003). **VOIR ▶ capoter**, **débile**, **extrême**, **full**, **hyper**, **masse (en ~)**, **max**, **méchant**, **méga**, **moyen**, **os (à l'~)**, **phat**, **planche (à ~)**, **super**, **torcher** et **über**. 🔵 On peut **éventuellement*** ajouter *à part ça* ou, mieux, *à part de d'ça*. « Le jeune homme sait compter et, en sus, adore le hockey et pas à peu près à part ça » (*La Presse*, 15 septembre 2000). *Céline est **équipée pour veiller tard***, et pas à peu près à part de d'ça.*

passé date

1. Quand un produit est passé date, il vaut mieux ne pas le consommer. 2. Quand une personne est passée date, c'est qu'elle n'a plus **rapport***. « "Je ne suis pas 'passé date'", dit Pierre Paradis » (*La Presse*, 21 mai 2003). 3. Quand une époque est passée date, ça va vraiment mal. « [Cette] époque glorieuse est finie, révolue, passée date, *over and out* » (*La Presse*, 5 avril 2001). 🔵 On voit aussi *passé dû*.

Patapouf

HYPOCORISTIQUE ☐ Grand prêtre de la **réingénierie*** saisi dans son **quotidien***. *Sa petite **dame*** appelle le premier ministre du Québec « Patapouf ».*

pédagocratie

Domination des **experts*** didacticiens dans les débats sur l'éducation au Québec. « [La] pédagocratie règne sans partage depuis trop longtemps » (*Le Devoir*, 2-3 juin 2001). **VOIR** ▸ **apprenant, décrochage, échec, élève, étudiant, filles, garçons, jeune, réussite, s'apprenant, s'éducant, transversales** (**compétences** ~) et **zéro**.

pensée magique

Pensée sans **balises***, sans **fondements***, sans **truchement*** et sans **zoutils***. **VOIR** ▸ **bonheur, chercher, croissance, enfant, feng shui, grandir, irritant, nouvel âge, quotidien, ressourcer** (**se** ~), **s'investir** et **vécu**.

pépeine

Peine de peu de poids, objet d'ironie. *Robert a fait de la grosse pépeine à Céline.* **VOIR** ▸ **assez, besoin** (**de** ~), **ça, franco-français, gagnant-gagnant, matante, mononcle, pratico-pratique, quand qu'on, qui qui** et **veut veut pas**.

performer, performance

1. **VIE COURANTE** ☐ Obligation de **réussite***. Incompatible avec l'**échec***, fut-il taxé. « Au nom de la performance, les règles de financement changeront à compter d'avril 2004 » (*Le Devoir*, 19 novembre 2003). 2. **VIE SEXUELLE** ☐ Exigence d'**excellence*** masculine. *Avec Céline, Robert sent toujours qu'il doit performer.* **VOIR** ▸ **aide maritale, homme** et **oui**. 3. *Contrat de performance.* Façon dont une institu-

tion ou une entreprise transforme ses employés en vassaux serviles hyperactifs et craintifs. Le contrat de performance est un moyen particulièrement prisé afin de mettre certains groupes au pas et de leur imposer la forme et la nature de leur travail. Par exemple, le gouvernement québécois souhaite en faire usage pour s'arroger le droit de décider ce que les universités doivent enseigner ou non ; il s'ensuit que le contrat de performance abolit la liberté de penser et de chercher. De l'université, on passe ensuite à la **santé***. « Des contrats de performance en santé ? Bof… » (*La Presse*, 16 février 2002) **VOIR** ▶ **rendement (indicateurs de ~)**.

perler
Se dit d'un **communicateur*** qui parle français comme un **Français de France*** au lieu de sonner **pure laine***. *Quand il fait ses interviews, Robert, il perle bien.* « On peut parler de cinéma sans *perler* avec un ton ronflant » (*La Presse*, 27 février 2001). **VOIR** ▶ **radio-canadien**.

personne (bonne ~)
Brave et loyal. *J'ai chanté pour eux, car, dans le fond, les Hell's sont de bonnes personnes.* **VOIR** ▶ **Mom**, **sauf que** et **voix**.

personnel
1. Au sens manufacturier : tribu. *Le chef du personnel.* 2. Masse aisément réductible et déplaçable, se dissolvant généralement d'elle-même par la grâce divine. *Attrition du personnel.* **VOIR** ▶ **capital humain**, **gens**, **gras**, **lubrifier**, **mobilité**, **portabilité** et **sous-traitance**. 3. **PSYCHOLOGIE** □ *Le prendre personnel* : tendance du sujet à tout ramener à lui-même, au point de devenir **choqué*** ou **frustré*** ou d'avoir une **montée de lait***, surtout s'il est **stressé***. *Prends-le pas*

personnel et *respire par le **nez*** sont souvent synonymes. 🛈 À trop pratiquer l'attrition du personnel, le chef du personnel risque de s'auto**flusher*** et de le prendre personnel.

petit

Atténuateur linguistique fort prisé dans les troquets et autres estaminets, souvent utilisé en conjonction avec le conditionnel. *Je prendrais un petit apéritif, **capitaine***. *Désireriez-vous un petit dessert, **boss*** ?* 🛈 Prend de l'expansion. « Je vais vous donner un petit numéro de téléphone » (Radio-Canada, août 2001). « L'hôpital Anna-Laberge honore toutes les petites familles qui y ont vu le jour » (*La Presse*, 10 septembre 2001). **VOIR** ▶ **certain** et **peu (un ~)**.

peu (un ~)

Litote suremployée. *Je trouve ça un peu **écœurant***. **VOIR** ▶ **certain** et **petit**.

peuple (écœurer le ~)

Déranger. « Au Danemark, les producteurs de porc n'écœurent pas le peuple comme ici » (*La Presse*, 20 octobre 2002).

peur (ça fait ~)

Quand de grands esprits se rencontrent. *En même temps, Céline et Robert ont pensé inviter des éléphants au baptême ; ça fait peur.* **VOIR** ▶ **classe**.

phat

VOIR ▶ « Le cimetière des mots », p. 152-153.

pied

Membre solitaire. *Ce soulier vous fait un beau petit pied.* **VOIR** ▶ **cheveu**. 🛈 Ne s'emploie qu'au singulier.

pire

1. *Pas* ~. Approbation molle. *La Torrieuse, a* est pas pire*. On voit aussi «pas mal pas pire» ; ce n'est pas moins pire. 2. *Moins* ~. Désapprobation molle. *La Torrieuse, a* est moins pire que les autres.* ❶ Étrangement, n'a pas d'antonyme : une chose peut être moins pire qu'une autre, mais elle ne peut pas être plus pire.

piton

1. *Être sur le ~, être vite sur le ~*. Alerte, éveillé. «Sur le piton pour la rentrée» (publicité). «Vous en voulez d'autres bonnes pour vous remettre sur le piton en vous comparant et consolant plutôt que regardant et désolant ?» (*Le Devoir*, 26-27 août 2000) «On est vite sur le piton !» (publicité) «On sait que la Terre ne tourne pas sur le même axe que d'habitude quand, pour se remettre sur le piton alors que le petit matin devient grand, on peut compter sur le football sud-coréen» (*Le Devoir*, 19 juin 2002). ❶ Rien à voir avec la quincaillerie ou la géologie. 2. Bouton, manette, contrôle. «Plus grave, on a cette fois-ci joué sans gêne avec les pitons» (*Le Devoir*, 14-15 décembre 2002).

PKP

Fils de son père, Pierre Péladeau. «Je vous jure, Marx, pas Groucho l'autre, le K., le même K. que par un hasard à l'ironie **baveuse*** on retrouve au milieu de PKP, Marx était un sacré visionnaire» (*Le Devoir*, 26-27 octobre 2002). «Brian Mulroney nie l'existence d'un "facteur PKP"» (*Le Devoir*, 3 avril 2003). «L'arme secrète de PKP : Julie Snyder» (*La Presse*, 10 septembre 2003). «Qu'est-ce que le couple PKP-Julie Snyder, sinon un cas patent de **convergence*** ?» (*Voir*, 30 octobre 2003)

plan B

1. **POLITIQUE** □ Stratégie de rechange suppléant à un hypothétique *plan A* (*inutile de voir ce mot*) que personne n'a vu sinon les stigmatiseurs du *plan B*. En toute vraisemblance, cette stratégie a un but préventif et humanitaire : elle consiste à avertir l'adversaire qu'il va perdre sa retraite, son passeport, sa monnaie et de larges miettes de son territoire s'il gagne les élections. A probablement un rapport avec la **clarté***, sûrement avec la **constitution***. « Une majorité de Canadiens était opposée au "plan B" » (*La Presse*, 7 août 2000). **VOIR** ▸ **aile radicale, association, conditions gagnantes, enclencher, forces vives, indépendance, Môman, partition, purs et durs, référendum, séparatiste, souveraineté** et **table**. 2. **SANTÉ** □ Terme de contraception. « La pilule du lendemain, c'est le plan B » (Radio-Canada, 18 décembre 2001).

planche (à ~)

Complètement, à fond, **pas à peu près***. *La vieille voisine d'à côté est libérale à planche.* **VOIR** ▸ **capoter, débile, extrême, full, hyper, masse (en ~), max, méchant, méga, moyen, os (à l'~), phat, super, torcher** et **über**.

plan de match

Projet, programme. A de moins en moins à voir avec le sport. *Dans le marché** *global** *de la mondialisation**, *les joueurs** *ont intérêt à avoir un solide plan de match ; sans cela, les **conseillers en insolvabilité*** n'en feront qu'une bouchée.* « Et le nouveau service que nous offrons au **jeune*** se trouve à l'extrême droite du tableau : d'abord, une période d'environ trois mois où, avec le jeune, on établira une espèce de bilan de vie et où on établira aussi un plan de match » (un

ex-ministre de la **Solidarité*** sociale du Québec, 17 mars 2000).
VOIR ▸ énoncé et **feuille de route**.

plate (c'est ~ à dire, mais)

Précède un commentaire dont on sait qu'il est déplacé. *C'est plate à dire, mais les **allophones*** / les **autochtones*** / les **ethnies*** / les Québécois de souche*, y* consomment**. VOIR ▸ **dire** (j'veux rien ~, mais).

Plateau, Plateau Mont-Royal

GÉOGRAPHIE URBAINE □ Quartier de Montréal en demande. «Repentigny et le Plateau sont les deux univers francophones les plus aux antipodes de la région métropolitaine» (*La Presse*, 28 novembre 2003). VOIR ▸ **ayatollah**. ❶ 1. Se méfier du *adjacent** *Plateau*, du *nouveau Plateau* ou du *Plateau Est* : on est alors parfois à la limite du **450***. «Ce qui nous amène au "Nouveau Plateau", l'eldorado des agents immobiliers, qui est tout prêt. […] Rue d'Iberville, vous vous trouvez en plein cœur du Nouveau Plateau» (*La Presse*, 9 avril 2003). 2. Dialogue journalistique imprévu. Question : «Existe-t-il encore une vie hors du Plateau Mont-Royal?» (*Le Devoir*, 8 mars 2002) Réponse : «Il y a une vie hors du Plateau» (*La Presse*, 15 février 2003).

pli (ne pas faire un ~)

Laisser indifférent. *La valeur de la tonne de **poutine*** à Wall Street, ça ne me fait pas un pli*. «Bref, la loi sur le contrôle des armes à feu ne me fait pas un pli sur, je ne vous dirai pas sur quoi, vous allez encore dire que je suis grossier» (*La Presse*, 10 décembre 2002). ❶ 1. N'existe qu'à la forme négative. On ne peut pas dire *Ça me fait un pli*. 2. On voit aussi *ne pas faire un pli sur la différence*, quoi que soit la différence. «Si oui, est-ce que ça vous faisait un gros pli sur la différence?» (*La Presse*, 24 avril 2001)

plogue

1. *Tirer la* ~. Mettre fin à. « Autant tirer la plogue moi-même avant que les gens me déploguent » (*La Presse*, 20 mars 1999). **VOIR** ▸ **clarté, fils (avoir deux ~ qui se touchent), noirceur (la grande ~)** et **switch (dormir sur la ~)**. Synonyme : *fil.* « Tirez le fil, quelqu'un ! » (*Le Devoir*, 5 novembre 2002) 2. Grossière autopromotion. « Marie-Josée Taillefer anime cette émission quotidienne qui est une **méga***-plogue pour le **festival*** » (*Le Devoir*, 8 juillet 2002). « Il fallait d'abord diffuser une pub-plogue d'*Occupation double** » (*La Presse*, 14 novembre 2003). ❶ L'expression « Pure plogue promotionnelle » (*Le Devoir*, 10 septembre 2001) est pléonastique.

plus (un ~)

Bénéfice supplémentaire. *Dans la **poutine*** italienne, un petit bout d'anchois par-dessus les frites, le fromage et la sauce tomate, c'est un plus.* **VOIR** ▸ **valeur ajoutée**. ❶ Son antonyme est rare. « Les restructurations municipales, un moins pour les femmes ? » (*La Presse*, 26 mars 2001) « Mais je crois que l'impossibilité d'acheter un PC avec lecteur serait un moins » (*Le Devoir*, 17 mars 2003).

plus meilleur

Le Canada est le plus meilleur pays au monde, aurait dit son ex-premier ministre. Pas pour les adverbes.

plus un

1. **POLITIQUE** ☐ Individu anonyme de valeur strictement arithmétique qui permet de faire pencher la juste balance de la démocratie. **VOIR** ▸ **moins un, quarante plus un, soixante plus un** et **voix**.
2. **RESTAURATION** ☐ **VOIR** ▸ **deux**.

PME

Nécessairement* florissante. *Robert et Céline forment une* PME *florissante.*

poignée (avoir une ~ dans le dos)

Être pris pour une bonne poire. « Ne vous retournez pas trop vite, vous pourriez constater avec dépit que c'est bien une poignée que vous avez là dans le dos » (*Le Devoir*, 14 novembre 2000). « Heu, la poignée dans le dos, elle est à gauche ou à droite ? » (*Le Devoir*, 7 avril 2003) « Alors M. Galarneau, ma poignée dans le dos, elle est à gauche ou à droite ? » (*Le Devoir*, 12 mai 2003)

point

1. Plus petit élément d'une argumentation. *Dans mon intervention, j'ai* **identifié*** *un point à mentionner.* 2. Argument concédé à son interlocuteur. *Tu soulèves un bon point, mon Robert.* **VOIR** ▸ **balises**, **fondements**, **truchement** et **zoutils**.

polaroïd

Image. *Ce roman offre un terrible polaroïd de la Renaissance.* La détresse et l'enchantement *donne un émouvant polaroïd du vécu** *de Gabrielle Roy.* « C'est le polaroïd de notre époque » (*La Presse*, 15 février 2001). « En même temps, le propre des *Boys* n'est-il pas d'être un miroir de notre société, un polaroïd animé résumant, en une heure et demie, où nous en sommes ? » (*La Presse*, 29 novembre 2001)

politically correct

VOIR ▸ **rectitude politique**.

pompon

1. *En avoir plein le* ~ *ou raz le* ~. En avoir assez. *Céline en a plein le pompon des journalistes.* 2. *Se calmer le* ~. Ne plus s'énerver. « **Garderies*** à 5 $: on se calme le pompon » (*La Presse*, 3 juin 2003). VOIR ▸ nez (**respirer par le** ~).

Pôpa

TÉLÉVISION ▢ Personnage de la série télévisée *La petite vie*. Trait distinctif : aime les sacs à ordures et le **pâté chinois***. VOIR ▸ **Creton**, **dinde**, **Môman** et **vidange**.

portabilité

Qualité d'un ordinateur reportable sur la personne qui l'utilise. VOIR ▸ **mobilité**.

porteur

Synonyme approximatif de *fédérateur**, d'*intégrateur** et de *structurant**.

positif

En adepte du **jovialisme***, regarder les choses avec confiance en mobilisant toute son **estime*** de soi. Ne pas avoir de problème d'**attitude***. *Malgré leur élimination, les joueurs des Canadiens restent positifs : ils ont donné leur **cent dix pour cent****. « Amenez-moi un tata positif, je vous montrerai un loser » (*La Presse*, 16 mai 2002). ❶ *Pensée positive* s'entend aussi.

positionner (se ~), positionnement

Ce que les **joueurs*** passent leur temps à faire, le plus souvent à coup d'**arrimages***, de **convergences***, de **grappes***, de **maillages***, de **partenariats***, de **réseautages*** et autres **synergies***. Exige de la

vision*. «Il était clair pour nous qu'il fallait se positionner au cœur du contenu, et le cœur du contenu, c'est Hollywood» (*La Presse*, 25 août 2000). «En d'autres termes, le développement de l'université québécoise doit faire une place de choix à la **concertation*** et à la **solidarité*** propres aux petites sociétés qui réussissent leur positionnement international par des entreprises de caractère collectif» (*Le Devoir*, 29 août 2000). VOIR ▸ **gagnant-gagnant**.

possible
Faire son gros ~. À l'impossible ne pas être tenu. «Je trouve qu'il a vraiment fait son gros possible pour ne pas avoir l'air prodigieux» (*La Presse*, 1ᵉʳ octobre 2000).

postmoderne, postmodernité
Mots de passe culturels au sens très élastique. En les prononçant, faire deux signes de la victoire avec l'index et le majeur des deux mains de chaque côté du visage à hauteur des tempes, plier plusieurs fois ces doigts de bas en haut en s'efforçant d'avoir un regard complice : ces guillemets de connivence, très répandus dans les congrès et les colloques, dispensent de toute précision. *Ne pas voir* **modernité**. ❶ Il n'est pas interdit de les accompagner d'autres suffixes ou préfixes, histoire d'obscurcir un brin de plus. «Une carrosserie **rétro*** postmoderne» (publicité).

potentiel
Qualité inexploitée, et qui menace de le rester. *Les garçons* ont raté leurs examens, mais ils ont du potentiel.* «Le roman n'est pourtant pas dépourvu de qualités – disons plutôt de potentiel» (*Le Devoir*, 14-15 juillet 2001). ❶ Le sportif qui développe son plein

potentiel est alors reconnu pour son **intensité***. **VOIR** ▸ cent dix pour cent, **mal paraître** et **pression.**

poutine

RESTAURATION ☐ Frites noyées dans un fromage lui-même immergé dans une sauce, **genre***. Élue *plat national des Québécois de souche** par divers journalistes **gnochons***, la poutine est estimée réussie quand frites et fromage surnagent glaireusement à la surface de la sauce, ce qui n'arrive que si celle-ci est **épaisse*** à l'égal du cuisinier. Inexportable. « Le bonheur est dans le pré et dans la poutine » (*La Presse*, 27 mai 2000). « Au Québec, Jacques Villeneuve, poutine et **coupe*** Stanley parlent toujours du pays » (Richard Dubois, *Intellectuel. Une identité incertaine*, 1998). « [Ils] mangent de la poutine sans perdre l'appétit » (Gilles Marcotte, *Les livres et les jours*, 2002). **VOIR** ▸ **allophone, chinois (pâté ~), communautés culturelles, empanada, ethnie, général Tao** et **minorité visible.** 🔴 1. Quoiqu'elle soit l'expression quintessenciée du mélange, la poutine ne relève pas du tout de la cuisine **fusion***. 2. Par extension : ensemble composite. « Qui est nous ? demande donc Parenteau à une joyeuse poutine d'amis montréalais dont aucun n'est de **souche*** » (*La Presse*, 20 juin 2002). 3. Par extension : qui offusque le goût. « [Tous] les films en nomination auraient dû en principe ne jamais voir le jour tant ils se démarquent de la poutine marchande habituelle » (*La Presse*, 21 mars 2002).

pratico-pratique

Doublement utile. Sartrisme populaire. « Coup d'œil pratico-pratique sur l'euro » (*La Presse*, 5 septembre 2001). « Tous les jeudis, elle répond à vos questions pratico-pratiques sur l'enseignement et l'apprentissage scolaire» (*La Presse*, 13 novembre 2003). **VOIR** ▸ **assez, besoin (de ~), ça, franco-français, gagnant-gagnant, matante, mononcle, pépeine, quand qu'on, qui qui** et **veut veut pas.**

pression

1. Synonyme d'*exigence*. *Son père met d'la pression sur ses études.* Antonyme : **cool***. 2. **SPORTS** ☐ Panique éprouvée par le sportif quand les médias parlent trop de lui et de ses résultats déclinants. *Vivre** *sous la pression. Crouler sous la pression.* **VOIR** ▸ **cent dix pour cent, mal paraître** et **potentiel.** 3. **SPORTS** ☐ Nostalgie éprouvée par le sportif quand les médias ne parlent plus de lui et de ses résultats héroïques. *S'ennuyer de la pression.* 4. Souvent mise par les groupes de pression. «Les retraités maintiennent la pression» (*Le Devoir*, 28 septembre 2000). «Les groupes de pression exigent plus de transparence» (*La Presse*, 21 mars 2001). «La pression est sur les provinces» (*Le Devoir*, 14 mai 2001). 5. **BRASSICULTURE** ☐ *La Torrieuse, en pression ?*

prestataire de l'assurance-emploi

Euphémisme délicat pour *chômeur*. Depuis son adoption, les statistiques du chômage ont spectaculairement diminué. **VOIR** ▸ **assurance-chômage, assurance-emploi** et **employabilité.**

prestataire de la sécurité du revenu

Euphémisme délicat pour *pauvre à planche**. **VOIR** ▸ **aide sociale, bs, démunis (les ~)** et **mal pris (les plus ~).**

prix (remise des ~)

Les Québécois sont restés de grands enfants. Du temps de la grande **noirceur***, avant la **Révolution tranquille***, ils avaient droit, à la fin de l'année scolaire, à une remise des prix, lesquels récompensaient les meilleurs élèves. Ceux-ci recevaient des livres en guise de prix. (À bien y penser, il aurait mieux valu remettre des livres aux mauvais élèves, mais nul n'y songea.) Désormais sortie de l'école, la remise des prix est une cérémonie **incontournable*** pour un grand nombre de professions. Celui ou celle qui reçoit un prix va le chercher sur la scène. Il se place derrière un micro. Il regarde la salle. Il remercie sa maman / son papa / sa sœur Céline / son oncle Robert. Il pleure et **quitte***, dans l'ordre de son choix. Les spectateurs sourient et applaudissent, sous l'œil des caméras, pour qu'il s'en aille au plus vite, au cas où ce serait leur tour. *Remise des prix Gémeaux. Remise des Prix du Québec.* VOIR ▶ **artiste**, **métier** (ce ~-là) et **public**.

proactif

Agissant de façon très agissante pour qu'une chose se produise ou ait lieu. En faire plus que demandé. « Lire un magazine est une expérience sensuelle et relaxante tandis que naviguer sur le Net, c'est proactif, l'internaute doit constamment interagir » (*La Presse*, 8 mars 2000). « La qualité de la **gouvernance*** économique des villes-**régions*** est un facteur clé de leur compétitivité. La capacité de la ville à orienter son développement stratégiquement, à travailler pro-activement pour concrétiser des **opportunités*** économiques et à livrer des services de qualité compte parmi les **compétences*** clés des villes agissantes » (programme électoral de l'équipe Tremblay à la mairie de Montréal, 2001).

problématique

VOIR ▶ « Douze mots ou expressions à flusher de votre vocabulaire », p. 106-108.

problème

1. N'existe pas et, pour cette cause, est toujours précédé de l'ono-matopée *yapad*. *Yapad problème*. Version publicitaire : *No problemo* (montre que l'on a des langues et voyagé). 2. *C'est quoi ton / votre ~ ?* Interrogation purement rhétorique : il ne s'agit ni de s'enquérir ni de compatir, mais de faire taire. *Le jeune*, c'est quoi ton problème ?* ❶ 1. La forme « C'est quoi votre problème ? » est grammaticale-ment incorrecte pour cause de vouvoiement. VOIR ▸ vous. 2. Rare à la première personne. « C'est quoi, mon problème ? » (*Le Devoir*, 1er-2 novembre 2003)

processus

1. Précéderait un **référendum***. À **enclencher***. « L'**arrondisse-ment*** de Rosemont ne pourrait pas enclencher un processus de **défusion*** » (*La Presse*, 29 novembre 2003). 2. *Reconfiguration des ~*. Euphémisme délicat pour *fin du modèle québécois**. « [Le] mot "**réingénierie***" n'obtient pas l'imprimatur de l'OQLF [Office qué-bécois de la langue française], celui-ci lui préférant l'expression "reconfiguration des processus" » (*Le Devoir*, 8 décembre 2003).

programme (félicitations pour votre beau ~)

Phrase prisée des auditeurs des tribunes téléphoniques à la radio : elle leur sert d'introduction. *Bonjour Monsieur Chose*. Félicitations pour votre beau programme.* VOIR ▸ **chaises (show de ~)**, **comment ça se fait que… ?**, **communicateur**, **écoutez**, **expert**, **joueurnaliste** et **ouvertes (lignes ~ radiophoniques)**.

proportionnel

ATTÉNUATEUR □ Expression du **gros*** qui refuse de s'avouer tel. *Mon poids est proportionnel, Chose* !* VOIR ▸ **santé**.

prostitué(e)

Ailleurs : homme ou femme qui propose une relation sexuelle contre de l'argent. Au Canada : homme ou femme qui va avoir une relation sexuelle contre de l'argent, mais qui n'a pas le droit de le dire.

psychodrame

Genre de **saga***. « [Cela] ne signifie pas **nécessairement*** que les Québécois ont envie de replonger dans un psychodrame référendaire » (*Le Devoir*, 4 novembre 2003). **VOIR** ▸ **référendum***.

psychotronique

Est jugée *psychotronique* toute activité culturelle où le mauvais goût et l'incompétence de ses artisans peuvent mener à l'hallucination (volontaire) chez ses consommateurs. *L'album* de Guy Lafleur est *psychotronique*. « Dans les milieux psychotroniques, l'affaire est entendue : Mme Saint-Onge a bel et bien enregistré le disque le plus bizarre jamais fait au Québec » (*La Presse*, 5 octobre 2003). « Il s'agit d'une curiosité psychotronique davantage qu'autre chose, avec chauves-souris qui foncent sur le spectateur, organes humains gigotant et hémoglobine à fond la caisse » (*Le Devoir*, 15 octobre 2003).

public

Vaste masse d'acheteurs d'**albums*** très aimée des **artistes*** et autres **créateurs***. **VOIR** ▸ **prix (remise des ~)**.

puck

1. **SPORTS** ▢ Au sens littéral : *rondelle*. **VOIR** ▸ **impénétrable** et **mal paraître**. 2. *Ne pas niaiser avec la ~*. Ne point trop tergiverser. « En

effet, l'administration Bush II ne niaise pas avec le puck, comme on dit » (*La Presse*, 12 août 2001). « Je dois cependant préciser que Jacques Villeneuve n'a pas niaisé avec le puck en février dernier » (*La Presse*, 16 août 2001). 3. *La ~ ne roule pas pour X*. Manquer de chance, ne pas avoir d'**opportunité*** à saisir, être incapable de faire sentir la **coupe***. Peut affecter le **mental***. « Tout juste s'il ne nous dit pas qu'il a donné son 110 %, qu'il travaillait fort dans les coins et que la puck roulait pas pour lui » (*Voir*, 29 mars 2001). VOIR ▸ **cent dix pour cent**, **mal paraître** et **pression**. ❶ 1. Peut aussi se dire de la balle. « Décidément, la balle ne roulait pas pour LaRue hier soir, mais derrière lui… » (*La Presse*, 25 août 2001) 2. Un vieux **débat*** déchire les amateurs de la sainte **flanelle*** et autres **glorieux*** : faut-il dire *la* puck ou *le* puck ? Anciens amateurs de hockey, les auteurs n'ont pas peur de trancher : il faut *la* puck, comme il y a *la* rondelle. VOIR ▸ **ayatollah** et **intégrisme**.

pure laine

Autochtone* national indigène de **souche***. VOIR ▸ **allophone**, **blanc**, **communautés culturelles**, **ethnie** et **minorité visible**. ❶ 1. À l'origine, ne désignait que les nés natifs : « Qui croit encore qu'on peut enseigner à l'ensemble d'une génération de 12 à 17 ans, provenant d'horizons culturels multiples, dans un contexte social où les modèles sont éclatés, comme on le faisait il y a quarante ans, à une élite, dans un Québec pure laine francophone, catholique et traditionnel ? » (*Le Devoir*, 15 mai 1999) 2. A récemment essaimé : « Je suis Outaouais pure laine, Franco-Ontarien de naissance, Écossais de 7ᵉ génération et Québécois d'adoption » (*Le Droit*, 24 juin 2000) ; « La consolidation de Montréal entraînerait-elle l'uniformisation ? C'est ce que craignent bien des banlieusards, et c'est ce que je craindrais aussi, toute Montréalaise pure laine que je sois » (*La Presse*, 17 avril 1997) ; « Mais ma grand-mère, une anglo pure laine, tout comme ses frères et sœurs, ont tous et toutes épousé des francophones » (*La Presse*, 31 décembre 1999) ; « Des néo-Québécois presque pure laine » (*La Presse*, 24 janvier 2001) ; « Le McCord **var-lope*** les clichés entourant la communauté montréalaise pure laine des Écossais » (*Le Devoir*, 18-19 octobre 2003) ; « Dans la grande région de Montréal, les **450*** n'ont pas eu très bonne presse et l'auteur de ces lignes, 418 pure laine, y a probablement contribué et s'en excuse platement » (*La Presse*, 20 novembre 2003).

purs et durs

1. Défenseurs de l'**indépendance***, elle aussi pure et dure, et du **modèle québécois***. « Les "purs et durs" aiguisaient leurs couteaux pour déloger Johnson et favoriser Jacques Parizeau » (*La Presse*, 12 janvier 2001). **VOIR ▸ aile radicale** et **gauchistes**. Antonyme de *nationalistes mous*. 2. Désormais, défenseur de quelque chose. « Le candidat indépendant Jim Birnie, défusionniste pur et dur, est parvenu à arracher un siège au parti du maire Tremblay » (*La Presse*, 16 juin 2003). **VOIR ▸ défusion**.

🔵 Ne jamais oublier de faire la liaison. « Suis-je un "*purzédur*" ? » (*Le Devoir*, 4 novembre 2002)

pusher

VOIR ▸ dealer avec.

qualité Québec

Label provincial. *Du beurre qualité Québec. Un bilan économique qualité Québec.* « *Fuck Friends* méritera-t-il le sceau Qualité Québec ? » (*Ici*, 27 avril 2000) VOIR ▸ ami.

qualité totale

Expression venue du langage de l'économie. Très très bien. Pas **nécessairement*** incompatible avec la **qualité Québec***. « Les Mexicains réclament une démocratie à "qualité totale" » (*La Presse*, 25 août 2001).

quand qu'on

Conjonction très conjonctive. *C'est quand qu'on va à Cancun qu'on comprend qu'on est content qu'on est Québécois.* VOIR ▸ **assez, besoin (de ~), ça, franco-français, gagnant-gagnant, matante, mononcle, pépeine, pratico-pratique, qui qui, travail** et **veut veut pas.** 🔇 Par euphonie : « Kankon » (chanson de Plume Latraverse).

quarante plus un

POLITIQUE □ Pour un fédéraliste, seuil de sa majorité gagnante. VOIR ▸ **moins un, plus un, soixante plus un** et **voix.**

450

Code téléphonique de la grande région montréalaise, mais à l'extérieur de l'île de Montréal (le code de Montréal est le 514). « 514 et 450 : les deux solitudes » (*La Presse*, 20 décembre 2002). VOIR ▶ **régions**. 1. Unité de mesure politique. *Les élections se jouent ce soir dans le 450.* « Les libéraux raflent presque tout dans le 450 » (*La Presse*, 15 avril 2003). « Le "450" au pouvoir ! » (*La Presse*, 20 mai 2003) 2. Terme générique désignant la source de tous les maux affectant le **plateau*** Mont-Royal la fin de semaine. *Les 450 vont manger sur la rue Duluth le samedi soir. Les 450 envahissent la rue Mont-Royal le dimanche après-midi.* « [Le] 450 a colonisé l'ensemble du Québec » (*Le Devoir*, 27-28 octobre 2001).

🗨 Se prononce toujours *quatre-cinq-zéro*, jamais *quatre cent cinquante*.

Québec

La *capitale nationale* de la *province* : pour des raisons sans doute historiques, on l'a établie dans les **régions***. « Québec restera la capitale nationale » (*La Presse*, 18 juin 2003). VOIR ▶ **capitale mondiale, équipée pour veiller tard, excellence** et **Trois-Rivières**. 🔔 On dit aussi *Vieille capitale* ou *capitale* tout court. « Réseau de prostitution juvénile. Toute la capitale en parle… encore ! » (*La Presse*, 16 mai 2003)

Québec.com

MÉLIORATIF ☐ Praticiens, théoriciens et publicistes québécois de la nouvelle **économie*** informatique. « De **Québec inc.*** à Québec.com » (*La Presse*, 1ᵉʳ avril 2000). « Après Québec inc., Québec.com ? » (*La Presse*, 8 septembre 2002)

Québec inc.

1. Ensemble des entreprises aux mains de Québécois. Ne pas s'en vanter : des patrons comme les autres. « Québec Inc. remet la main à la pâte » (*La Presse*, 9 juillet 2002). « Tableau après tableau confirment que depuis 20 ans, **modèle québécois*** ou pas, Québec inc. ou pas, l'économie du Québec a crû moins vite et produit moins d'emplois que celles des autres provinces et États » (*La Presse*, 8 décembre 2003). VOIR ▶ **clause orphelin** et **équité salariale**. 2. PÉJORATIF □ « De Québec inc. à **Québec.com*** » (*La Presse*, 1er avril 2000). « Techno-dôme : de Québec Inc. à Landry.quebec.com » (*La Presse*, 20 juin 2000). « Québec inc. à vendre » (*Le Devoir*, 14 décembre 2000). « Pourquoi Québec Inc. a de la difficulté avec France Inc. » (*La Presse*, 6 octobre 2002). « Mouvement Desjardins : de Québec inc. à Ontario inc. » (*La Presse*, 29 janvier 2003).

quelque part

En un lieu que l'esprit subodore, mais que la raison ne connaît pas. *Cet **album*** m'a **interpellé*** quelque part*. « Latine du Nord, autre version d'un continent, [la littérature québécoise] témoigne de l'Amérique en français mais langue et Amérique quelque part lui échappent et c'est dans cette brèche presque impensable qu'elle travaille à son scénario frondeur et sans sous-titres » (Claude Beausoleil, 1987). VOIR ▶ **kekpart**. 🛈 Puisqu'elle est inutile, on agrémente souvent cette expression d'une préposition aussi inutile qu'elle, *en* ou *à*. *En quelque part, Céline, t'es **toutte*** une **artiste***.* « On est francophones américains à quelque part » (Michel Pagliaro, *Le Devoir*, 2 août 2000). « Pollock est à la fois l'ami, le conseiller et le mentor de [Jacques] Villeneuve. À quelque part, il demeurera toujours son ancien professeur » (*La Presse*, 11 juillet 1998).

Testez

VOS CONNAISSANCES

Les réponses se trouvent à la p. 236.

1. Vous voulez couper les liens qui vous unissent à un territoire voisin. Quelle politique défendez-vous ?
   a. La défusion ?
   b. La partition ?
   c. L'indépendance ?

2. Votre flo est dans une garderie à 7 $. Quand vous allez avec lui à l'hôpital, on le dirige vers les civières dans un corridor. Vous pleurez à l'évocation de la Révolution tranquille. Quel est votre modèle de société favori ?

3. Vous dites toujours « Le livre que j'ai besoin », jamais « Le livre dont j'ai besoin ». Êtes-vous un Français de France ?

4. Vous êtes sportif, mais vous n'êtes pas sûr de votre orientation sexuelle. Vous êtes :
   a. une moumoune ?
   b. un joueurnaliste ?
   c. un multipoqué ?

5. Vous roulez à vélo dans les rues de Montréal.
   a. Vous avez droit au VDFR ?
   b. Vous êtes un adepte du virage ambulatoire ?
   c. Vous pratiquez un sport extrême ?

6. Vous êtes complètement booké. À qui demandez-vous de gérer effi-
cacement votre vie, histoire d'avoir plus de temps pour vos courses ?
   a. À votre ado ?
   b. À un expert de la réingénierie synergique ?
   c. Au propriétaire du Newtown ?

7. On veut construire un incinérateur tout près de chez vous. Vous
écrivez sur votre pancarte la formule suivante :
   a. Pas dans ma cour ?
   b. Pas rap' ?

8. Complétez la phrase suivante :
   Robert en avait assez des dépenses de Céline ; il l'a _____ .

9. Quel est le meuble favori des dirigeants québécois et de leurs partenaires sociaux ?

10. Charade. Mon premier est la réponse typique au téléphone. Mon
deuxième est une forme de plaisir (indice : s'utilise surtout dans
l'expression « C'est le ~ !!!!! »). Mon tout n'est pas une souche.

11. Dans ce dictionnaire, trouvez six termes venus du monde de l'électricité.

12. Donnez deux antonymes de *Plateau*.

13. À l'entrée « festival » (p. 90-95), une seule activité n'est pas réelle,
mais inventée. Laquelle ?

14. Pour dire **oui***, vous pouvez utiliser **absolument***, **certain***, **définitivement***, **effectivement***, **exact***, **le faut***, **mets-en***, **radical***,
sérieux*, **tout à fait*** et **yessssss***. Que pouvez-vous utiliser à la
place de **non** ?

15. Donnez une des quatre expressions de ce dictionnaire servant à
marquer la résignation ou la fatalité.

quelqu'un (être ~)

1. Accéder à la **réalité***. «Voilà pourquoi les enfants aiment tant [Dominique] Demers. Ils sont de petits rois dans ses livres […], ils sont quelqu'un» (*Le Devoir*, 17 novembre 2001). 2. Réussir. *Robert, ça c'est quelqu'un.*

questionnement

Problématique* personnelle. Plus cérébral et plus vague qu'une question, mais moins compliqué qu'un problème. *Je suis entré dans un questionnement au niveau* de mes émotions.*

quétaine

VOIR ▶ «Le cimetière des mots», p. 152-153.

qui qui

Qui est-ce qui? *Les amis* de la garderie*, qui qui veut des beignes?* VOIR ▶ assez, besoin (de ~), ça, franco-français, gagnant-gagnant, matante, mononcle, pépeine, pratico-pratique, quand qu'on et veut veut pas.

quitter

VOIR ▶ «Douze mots ou expressions à flusher de votre vocabulaire», p. 106-108.

quoi

Intensif utilisé par ceux qui ont d'avance la réponse à la question qu'ils feignent de poser: *Alors il fait quoi Marcel Proust? Il écrit* À la recherche du temps perdu*!* VOIR ▶ c'est quoi?

quossé

Ce que ou qu'est-ce que. *Je l'sais-tu quossé qu'ça veut dire? Qu'est-ce que c'est* et *qu'est-ce que* ne s'utilisent que rarement, par exemple dans des tournures **genre***, **comme***, *Qu'est-ce que je voyais, moi, c'était que…* **VOIR** ▸ **c'est quoi ?** ❗ On voit aussi *kossé* : « L'évaluation des chargés de cours : "kossé que ça donne ?" » (*Cité éducative*, avril 2001)

quotidien

SUBSTANTIF ▢ Vaste ensemble de faits, de pratiques, de devoirs et d'obligations qui entourent le **vécu***. Le quotidien peut être un **irritant*** **majeur*** ; en ce cas, défait les couples. **VOIR** ▸ **bonheur, chercher, couple (vie de ~)** et **vie.**

radical

VOIR ▸ « Le cimetière des mots », p. 152-153.

radio-canadien

Insulte linguistique. « Lorsqu'ils écrivent des scénarios, la plupart de nos auteurs écrivent un français radio-canadien absolument déconnecté de la **réalité*** » (*Les Diplômés*, printemps 2001).
VOIR ▸ **intégrisme** et **perler**.

rage

1. ~ *de l'air*. Mécontentement plus ou moins violent des voyageurs aériens. *C'est **plate*** à dire, mais je comprends les gens qui cèdent à la rage de l'air.* 2. ~ *au volant*. Mécontentement plus ou moins violent des voyageurs automobiles. *Les conducteurs qui se laissent aller à la rage au volant sont de **méchants* morons***.* ❶ Ne pas confondre avec virage **ambulatoire***. 3. ~ *au micro*. **VOIR** ▸ **fureur**.

ramasser

S'en prendre à quelqu'un. « Le juge Décarie ne s'est pas gêné pour les ramasser » (*Le Devoir*, 6 avril 2001). **VOIR** ▸ **blaster**, **claque** et **slugger**.

rapport (ne pas avoir ~)

N'être pas en phase avec la question débattue. *Ça a pas rapport. T'as pas rapport.* **VOIR** ▸ **but (ne pas avoir de ~).** 🔋 1. N'y voir rien de sexuel, comme le disait Lacan : « Il n'y a pas de rapport sexuel. » 2. Parfois resserré en *rap'* ou *rapp'. T'as pas rap', **man***. « T'es-tu déjà senti pas rapp' ? » (publicité)

rare

Postposé : très. *La Torrieuse, **a*** *est bonne rare. C'est un **moron*** *rare.*

rationalisation, rationaliser

En termes clairs : congédier. « Dans le but de simplifier sa structure de gestion et d'exploitation, Canoë rationalise son effectif en ligne en supprimant 65 postes dans l'ensemble de ses établissements au Canada, ce qui représente une réduction d'environ 30 % de son **personnel*** » (*Le Devoir*, 16 août 2000). **VOIR** ▸ **faire, gras, mobilité, portabilité** et **sous-traitance.**

rave

MUSIQUE POPULAIRE ☐ Rassemblement « alternatif » devenu commun. « Aujourd'hui, ils se donnent la main pour promouvoir une culture rave propre, saine et sans drogue. Un **chausson aux pommes*** avec ça ? » (*La Presse*, 10 juillet 2001) « Le rave à **pôpa*** » (*La Presse*, 25 août 2001). **VOIR** ▸ **techno.**

🔊 Prononcer *rrrrééévv'.*

RDD

Le dramaturge René-Daniel Dubois. « RDD regarde Alexandre Dumas, Sartre et Monsieur K. à travers la même lorgnette » (*Le Devoir*, 7-8 septembre 2002). 🔋 Ne pas confondre avec les Résidus domestiques dangereux. **VOIR** ▸ **recyclage.**

réalité

N'existe normalement pas. Quand elle existe malgré elle, n'existe que sous les formes du **vécu***, de la **vie***, du **quotidien*** et des **irritants***. Quand elle existe malgré nous, n'existe qu'indistinctement, qu'impalpablement, que dans un à peu près flou vague qui rappelle quelque chose. VOIR ▸ **ancré dans la réalité**, **ça**, **comme**, **comme tel**, **genre**, **saveur** (à ~) et **style**.

recomposées

Se dit des **familles***.

rectitude politique

MYTHOLOGIE ▢ Plutôt que de s'en prendre au discours **néolibéral***, les éditorialistes ont emprunté cette étiquette commode à leurs voisins du Sud. Depuis, ils ergotent régulièrement sur cette créature qu'ils imaginent cachée derrière tout projet qui leur déplaît. *Les défenseurs de la rectitude politique suivent un agenda de gauche.* VOIR ▸ **ayatollah**, **intégrisme** et **tolérance zéro**.

recyclage

Rien ne se jette, tout se transforme. « État-major québécois. L'opération recyclage de Stockwell Day » (*Le Devoir*, 23-24 septembre 2000). « Le recyclage de la radio selon Akufen » (*La Presse*, 1er juin 2001). « Ainsi recyclée, insérée dans la trame des petites **nations*** plurielles qui se cherchent un destin à l'aube de ce millénaire, la mémoire de la survivance **canadienne-française*** pourrait alors avoir un avenir » (*La Presse*, 23 juin 2001). **Groupe*** de recherche sur les recyclages culturels (Université de Montréal). VOIR ▸ **défi**, **trash**, **vidange** et **vintage**. 🅠 Beaucoup utilisé dans la liturgie. « Aide au recyclage des lieux de culte. À l'Église de s'occuper des églises, dit

Héritage Montréal. La nouvelle politique d'Agnès Maltais inquiète l'organisme de protection du patrimoine » (*Le Devoir*, 18 juin 2000). « Urgent, couvents à recycler » (*La Presse*, 28 février 2001).

référendum

Sport provincial. Ce fut Non à la **souveraineté*-association*** en 1980 ; ce fut Non à la souveraineté assortie d'une offre de **partenariat*** en 1995 ; qu'est-ce que ce sera à l'**adhésion* / défusion* / fusion*** ? VOIR ▸ A **(plan ~), aile radicale, clarté, conditions gagnantes, constitution, deux, enclencher, forces vives, indépendance, modèle québécois, moins un, Môman, partition, plan B, plus un, purs et durs, quarante plus un, séparatiste, soixante plus un, table** et **voix.** ❶ On trouvera des « Modèles pour une éventuelle question référendaire » aux p. 48-49.

réforme

Imminente, en cours, urgente – à venir. « La réforme reste nébuleuse pour les futurs enseignants » (*Le Devoir*, 22 mars 2000). « Une réforme de château de cartes » (*Le Devoir*, 19 avril 2000). « Une réforme pour qui ? » (*Le Devoir*, 8-9 janvier 2000) « Une réforme urgente et nécessaire » (*La Presse*, 3 juin 2000). « Réformer la réforme » (*La Presse*, 3 février 2001). « Québec met sa réforme de la **santé*** en marche » (*La Presse*, 12 novembre 2003). VOIR ▸ **centre** et **statu quo.**

régions

SUBSTANTIF PLURIEL ▢ Tout ce qui se trouve à l'extérieur de l'île de Montréal, y compris le **450*** (si l'on en croit les mauvaises langues). Être pour leur **développement durable***. Éviter de les visiter en hiver. Antonyme : *plateau**. « Les régions ont peu profité de la récente vague de création d'emplois» (*La Presse*, 15 août 2002). «Rendre "leur butin" aux régions **ressources***» (*La Presse*, 14 avril 2003). «Les souvenirs comme ceux-là s'accumulent à un rythme rapide, tandis que les Hilton écument les régions» (Robert Frosi, *Le clan Hilton*, 2003). **VOIR** ▸ **capitale**, **capitale mondiale**, **équipée pour veiller tard**, **excellence**, **festival** et **solidarité**.

régularité

PHYSIOLOGIE ☐ Qui dit avoir *une belle régularité* ne vante aucunement sa ponctualité au travail. Il exprime par là qu'il défèque chaque jour à des heures prévues, selon un moulage identique, dans des quantités comparables, avec des couleurs similaires et une consistance récurrente. Aide à **fonctionner***. «Y'a pas de brocolis en Chine? C'est bon pour la régularité, vous savez…» (*La Presse*, 22 janvier 2002)

réingénierie

VOIR ▸ p. 190.

reject

Mal aimé. «Et puis il y a les autres, les "rien", les *rejects*, pour qui l'école est vraiment un enfer» (*La Presse*, 20 mai 2001).

religion

En souhaiter l'enseignement. Ne pas souhaiter la pratiquer. **VOIR** ▸ **commissions scolaires**.

relocaliser

1. **COMMERCE** ☐ Fermer une entreprise pour la réimplanter dans un pays où les salaires sont bas, où il n'y a pas de convention collective, où il n'y a pas de syndicat, où le droit de grève n'existe pas,

réingénierie

Synonyme **songé*** de *réforme**. *En septembre 1997, un recteur, devenu ministre depuis, en conférence de presse, a annoncé son projet de «réingénierie pédagogique».* «Vers une démocratie participative. Une réingénierie de nos institutions s'impose» (*Le Devoir*, 15-16 février 2003). «"Réingénierie", le nouveau *buzz word* de Jean Charest» (*Le Devoir*, 2 mai 2003). «Les citoyens des **régions*** du Québec seront parmi les premiers bénéficiaires de la réingénierie de l'État québécois» (un premier ministre du Québec, *Le Devoir*, 4 juin 2003). «C'est sur la base de ces principes de gestion que nous inaugurerons six grands travaux qui seront le cœur de la réingénierie de l'État québécois» (le même premier ministre, *La Presse*, 5 juin 2003). «Marois lit **"compressions***" quand elle voit "réingénierie"» (*Le Devoir*, 2 octobre 2003). «Pour qu'il y ait une réingénierie, encore faut-il qu'il y ait une ingénierie!» (*Le Devoir*, 11-12 octobre 2003) «Réingénierie, rénovation et redéploiement de l'État québécois. Une **démarche*** sous le joug du pragmatisme ou de l'idéologie?» (*Le Devoir*, 18 novembre 2003) **VOIR ▸ acquis, compréhension (merci de votre ~), culture d'entreprise, déréglementation, faire, garderie, gras, modèle québécois, néolibéral, Patapouf, pédagocratie, processus, rationalisation, Révolution tranquille, sous-traitance et virage à droite.** 🐦 Appelé à prendre de l'expansion. «La "réingénierie" des sexes» (*La Presse*, 25 septembre 2003). «La réingénierie des **prix*** Gémeaux» (Radio-Canada, 20 novembre 2003).

où il est encore possible de faire travailler les **enfants*** et à partir duquel le blanchiment de l'argent est commode. 2. MÉDECINE □ VOIR ▸ ambulatoire (virage ~).

remerciant (en te ~)

GÉRONDIF □ Lexique de la brasserie. Joint la parole au geste. *En te remerciant, boss** *! Y a pas de quoi, capitaine** *!* VOIR ▸ apprécié.

rencontre

Sorte de **sommet*** où l'on fait connaissance. Rencontre québécoise internationale des écrivains. « La spécificité culturelle passe par la Rencontre de Montréal » (*La Presse*, 11 septembre 2001). VOIR ▸ audiences, **carrefour**, **chantier**, **coalition**, **comité**, **commission**, **concertation**, **consensus**, **consultation**, **états généraux**, **forum**, **partenaires sociaux**, **suivi** et **table**.

rendement (indicateurs de ~)

Pour recevoir des subventions, les universités doivent prouver qu'elles ont atteint les indicateurs de rendement définis par le politicien qui a l'enseignement supérieur dans ses attributions. « On pense par exemple à la fréquentation des programmes, à leur rendement et à leur pertinence en regard des besoins du marché du travail » (*Le Devoir*, 16 février 2000). VOIR ▸ excellence, **performer** et **réussite**.

renforcir

Renforcer fort et avec force. « En conclusion, nous espérons avoir fait partager notre souhait de voir la contribution du réseau collégial à la formation policière reconnue dans la loi, et il y a une profonde conviction, de par nos positions, qu'un partage renforci des responsabilités entre les collèges et l'École nationale de police du Québec est une condition essentielle à l'atteinte des objectifs, que nous partageons dans une très grande mesure, du projet de loi n° 86 » (**Commission*** des institutions de l'Assemblée nationale du Québec, 7 mars 2000).

répond

Réservé au vocabulaire du commerce. *On vous a répond, **boss*** ? J'ai été répond, merci.* 🄀 On voit parfois **répondu** : *J'ai été répondu, merci* **capitaine***.

réseautage

Synergie* branchée. « Invitation au lunch de réseautage » (*La Presse*, 16 mai 2001). « Par-dessus tout, parce que la **mondialisation*** accroît le rôle des villes et la concurrence entre elles, Montréal peut – et doit – promouvoir le réseautage de ses **expertises*** afin de tirer pleinement profit des synergies rendues possibles par la création de la nouvelle ville » (programme électoral de l'équipe Tremblay à la mairie de Montréal, 2001). **VOIR** ▶ **arrimage, convergence, gagnant-gagnant, grappe, maillage, partenariat** et **vision**.

réserves (avoir des ~)

1. État qui devrait suivre le **déficit zéro***. *Il faut atteindre le déficit zéro, puis payer la dette publique ; après, on pourra penser à avoir des réserves.* 2. Ne pas être d'accord, mais ne pas oser le dire nettement. *J'ai des réserves sur le **déficit zéro***. Robert n'a pas de réserves sur le dernier **album*** de Céline.* 3. Dans le domaine culturel : pourri, à chier, à pleurer, **cheapo***, nul. *J'ai des réserves sur le dernier recueil de Céline.*

résolument

Pas à peu près*, mais en plus recherché. « [Résolument] urbain et moderne » (*Le Soleil*, 30 mai 2001). « Le président de Dell se veut résolument optimiste » (*La Presse*, 12 septembre 2001). « Éva [le] trouvera "absolument désopilant et résolument attachant" » (Catherine Mavrikakis, *Ça va aller*, 2002). « Choisir l'**inclusion***. Il faut garder à l'esprit la nécessité d'un État résolument engagé pour l'égalité des chances » (*Le Devoir*, 27 novembre 2003).

respecter

1. Ne pas **faire*** ça. *Céline, ce soir, je vais te respecter.* 2. Laisser quelqu'un croupir dans son **cheminement**. *Je respecte ta décision.* **VOIR** ▶ **choix**, **confortable** (être ~ avec), **estime**, **s'accepter** et **vivre**.

responsabilité, responsable

Ne se trouve pas toujours là où on l'attend. *Mon examen a été un échec*, car je ne m'y suis pas présenté, mais j'suis pas responsable.*

ressource

Synonyme universel. Désigne le bois, le poisson, le poulamon, l'eau *e tutti quanti*. *La ressource est menacée*, dira un bûcheron (**VOIR** ▶ **souche**), un pêcheur, un habitant de Sainte-Anne-de-la-Pérade, un embouteilleur. « Les évêques du Nouveau-Brunswick en appellent au partage de la ressource » (*La Presse*, 2 septembre 2000).

ressourcer (se ~)

Verbe de **croissance***. **VOIR** ▶ **bonheur**, **chercher**, **enfant**, **feng shui**, **grandir**, **irritant**, **nouvel âge**, **pensée magique**, **quotidien**, **s'investir** et **vécu**.

restructuration

Euphémisme délicat pour *licenciement massif*. « Saco Smartvision rate sa restructuration » (*La Presse*, 24 août 2001). **VOIR** ▸ **rationalisation**, **relocaliser** et **sous-traitance**.

retombées

Toujours *économiques*. Jamais démontrées. ***Joueurnaliste*** : Quelles sont les retombées économiques du baseball à Montréal ? Interviewé A (il est économiste) : Elles sont importantes ; c'est scientifique. Économiste B (il est interviewé) : C'est scientifique : elles sont nulles.* « L'Église doute des retombées pour les pauvres » (*Le Devoir*, 6 avril 2001). **VOIR** ▸ **date-butoir**, **stade**, **livre** et **vente de feu**.

retour

Toujours *tant attendu*. *Le retour tant attendu de Céline*. « Rien de bien excitant dans ce duel Seahawks-Falcons au Georgia Dome, sauf le retour tant attendu de Jeff George à Atlanta » (*La Presse*, 15 décembre 2002).

rétro

Plus ou moins ancien. « Rétro, c'est moderne » (*La Presse*, 11 novembre 2003). **VOIR** ▸ **festival** et **vintage**.

réussite

1. Valeur appelée à remplacer l'**excellence***. « Legault déclenche la révolution de la réussite » (*La Presse*, 1ᵉʳ septembre 2001). « Révolution de la réussite ou contre-réforme ? » (*Le Devoir*, 10 septembre 2001) 2. *Plan de ~*. Mesure mise en place lors d'une récente **réforme*** de l'éducation. Y avait-il jusque-là un *plan d'échec** ? « Dans notre plan de réussite, la cible principale est le développement de la

compétence* en lecture par toutes sortes de moyens. Aussi, pour
certains enseignants, le concours Pizza Hut était un incitatif de
plus à la lecture» (*Le Devoir*, 13 juin 2001). «Les plans de réussite
devront donner des résultats» (*Le Devoir*, 6 juin 2002). «Les plans
de réussite, un échec» (*Le Devoir*, 6 décembre 2002). 3. *Taux de ~*.
Ce que mesure la réforme précitée. «La névrose des taux de réussite» (*La Presse*, 8 février 2001). VOIR ▸ **apprenant, décrochage, filles,
garçons, jeune, pédagocratie, performer, s'apprenant, s'éducant,
transversales (compétences ~)** et **zéro**.

Révolution tranquille

Disparition soudaine des stocks de soutanes à la suite de la mort
de Maurice Duplessis en 1959. Aurait été terminée, ce que dément
son succès éditorial et médiatique : Jean-Luc Migué, *Étatisme et
déclin du Québec : bilan de la Révolution tranquille*, 1998 ; Gilles
Paquet, *Oublier la Révolution tranquille*, 1999 ; Pierre-André Julien,
*L'entrepreneuriat au Québec. Pour une révolution tranquille entre-
preneuriale*, 2000 ; Noël Pérusse, *Mémoires d'un déraciné. Tome II.
Repenti de la Révolution tranquille*, 2000 ; «La jeune génération
prépare-t-elle une deuxième Révolution tranquille?» (*La Presse*,
20 février 2000) ; «Une nouvelle Révolution tranquille» (*La Presse*,
25 février 2000) ; «La Révolution tranquille, et après?» (*Le Devoir*,
3 avril 2000) ; «De la Révolution tranquille à la révolution alimentaire» (*La Presse*, 27 mai 2000) ; «De la Révolution tranquille à la
démission tranquille» (*Le Devoir*, 10 août 2000) ; «L'UQCN propose une "révolution tranquille des forêts"» (*La Presse*, 13 octobre
2000) ; «Une contre-révolution tranquille» (*La Presse*, 20 juin
2002) ; «La seconde Révolution tranquille» (*Le Devoir*, 13 août

2002) ; « Charest promet une autre Révolution tranquille » (*Le Soleil*, 13 août 2002) ; Gil Courtemanche, *La seconde Révolution tranquille. Démocratiser la démocratie*, 2003. VOIR ▸ **clarté** et **noirceur (la grande ~)**. Aurait un rapport avec le **modèle québécois*** : « Le modèle québécois : le temps d'une nouvelle révolution tranquille » (*La Presse*, 14 janvier 2003) ; « Le modèle québécois hérité de la Révolution tranquille sera transformé en cinq ans » (*Le Devoir*, 5 juin 2003). Il paraît qu'elle s'exporterait : Chris de Burgh, *Quiet Revolution*, 2000 ; « Irak : tous pour ranimer la Révolution tranquille » (*La Presse*, 30 mars 2003). Selon certains, elle justifierait la **réingénierie** : « Les Québécois de la Révolution tranquille étaient confiants et enthousiastes. Nous le sommes encore plus aujourd'hui » (Jean Charest, *La Presse*, 5 juin 2003).

rien là (y a ~)

Expression type de ceux qui veulent être et rester **cool*** quoi qu'il arrive. *L'écrasement du Concorde a fait moins de disparus** *qu'une fin de semaine de la Saint-Jean. Y a rien là !* VOIR ▸ **là**.

rire

1. *Juste pour ~*. Entreprise humoristique. Entreprise tout court. Musée Juste pour rire, festival Juste pour rire, etc. VOIR ▸ **festival** et **humour**. 2. *Mort de ~*. Qui est *mort de rire* baigne dans l'autosatisfaction. « Mortes de rires, les compagnies de disques » (*Le Devoir*, 14-15 décembre 2002). VOIR ▸ **bretelles (se péter les ~)**.

ROC

Rest of Canada. « Le ROC forme-t-il un seul pays ? » (*Le Devoir*, 28 avril 2000) « Les livres du ROC (*Rest of Canada*) ont la cote dans le ROW (*Rest of the World…*) » (*Le Devoir*, 20 août 2001). N'aime pas **indépendance***, **modèle québécois*** et **souveraineté***. Aime **séparatiste***. 🔔 On voit parfois **Tout-ROC** : « La dernière version de la campagne *I am Canadian* de Molson fait jaser le Tout-ROC et vibrer les consommateurs de bière » (*La Presse*, 3 mai 2000).

rose (homme ~)

Le soupçonner, ne ressemblant pas à **Pôpa***, d'avoir un vieux contentieux avec sa **Môman***. « À force de vouloir être à la fois un macho et un homme rose, on finit généralement par ne séduire personne » (*Le Devoir*, 27 juin 2001). VOIR ▸ **famille dysfonctionnelle, garçons, gars, homme, mâlitude** et **moumoune**.

s'accepter

Ne pas se prendre trop **personnel***. **VOIR** ▶ **confortable** (être ~ avec), **estime** et **respecter**.

saga

Histoire de plus d'un épisode ou négociation de plus d'une réunion. *Si vous voulez, je vous écrirai une **petite*** saga.* « Les sagas Vidéotron-Rogers-Quebecor, BCE-Téléglobe, IBM-LGS, Netgraphe-InfiniT-APG, Bell-Sympatico-Lycos, TVA-Motion-Trustar, GTC-Magazines Télémédia, etc. » (*La Presse*, 1ᵉʳ avril 2000) « Alou avait accepté, pour être fidèle à ses principes, lui qui avait toujours dit vouloir assister à la conclusion de la saga des Expos » (*La Presse*, 28 août 2000). « La saga du protecteur du citoyen semble toucher à sa fin » (*La Presse*, 12 décembre 2000). « La FTQ presse Québec d'intervenir dans le conflit de la PdA. "Il est temps de mettre fin à la saga judiciaire", soutient Henri Massé » (*La Presse*, 22 décembre 2000). « L'année des sagas » (*Le Devoir*, 23-24 décembre 2000). « [Ce] qu'il est désormais convenu d'appeler "l'affaire Théodore" a pris les allures d'une véritable saga » (Radio-Canada, 20 juin 2003). « La saga du hot-dog » (*La Presse*, 1ᵉʳ novembre 2003). **VOIR** ▶ **date-butoir**, **psychodrame**, **retombées**, **stade** et **vente de feu**.

saisi

1. **DROIT** □ Être chargé d'une affaire. *Le magistrat a été saisi de la poursuite contre Robert.* **VOIR ▸ actionner** et **parader**. 2. **VIE COURANTE** □ Ne plus savoir quoi dire. *Quand il a vu Céline devant le magistrat, Robert est resté saisi.*

salles d'urgence

1. Ne pas les fréquenter. «C'est le désastre aux urgences» (*La Presse*, 16 juin 2000). «Les urgences débordent comme en hiver» (*La Presse*, 17 juin 2000). «Les urgences promettent d'être de plus en plus débordées l'été» (*La Presse*, 15 juillet 2000). «Moins d'argent pour les urgences déjà engorgées» (*La Presse*, 17 novembre 2000). **VOIR ▸ ambulatoire (virage ~)**, **bénéficiaire**, **civières**, **malade**, **santé**, **services essentiels**, **vitesses** et **urgence**. 2. Seront un jour désengorgées ; c'est promis. **VOIR ▸ réingénierie**.

salon

Variante toujours commerciale et souvent non estivale des **audiences***, du **carrefour***, du **chantier***, du **comité***, de la **commission***, de la **consultation***, des **états généraux***, du **forum***, du **groupe-conseil***, du **groupe de discussion***, du **groupe de travail***, de la **rencontre***, du **sommet***, de la **table d'aménagement***, de la **table de concertation***, de la **table de convergence***, de la **table de prévention***, de la **table de suivi*** et de la **table ronde***. «Les salons et foires se portent bien au Québec» (*La Presse*, 5 décembre 2001). Agroalimentaire du Suroît, de l'aménagement extérieur, de l'emploi-formation, de l'épargne, de l'érotisme, de la **féminité***, de la maternité et de la paternité, de l'automobile, des **aînés*** de Montréal, des métiers d'art du Québec, des organisateurs d'événements,

Domicilia, du livre anarchiste, du printemps des **artistes*** des
Cantons-de-l'Est, Informatique / Affaires de Québec, international
de l'ésotérisme de Montréal, Marions-nous, national de l'habitation,
Pepsi-Jeunesse. **VOIR** ▸ **coalition, concertation, consensus, festival,
partenaires sociaux** et **suivi**.

santé

1. Qui n'« investit » pas dedans n'a pas le droit d'être malade.
VOIR ▸ **ambulatoire** (virage ~), **bénéficiaire, civières, malade, salles
d'urgence, services essentiels, vitesses** et **urgence**. 2. Antonyme de
souveraineté*. *La souveraineté ou la santé* (slogan électoral, 2003).
3. **ATTÉNUATEUR** ◻ Souhait du **gros*** qui préfère rêver. *J'ai atteint
mon poids santé.* **VOIR** ▸ **proportionnel**.

s'apprenant

Pour le ministère de l'Éducation, le *s'apprenant* est la forme idéale
de l'**apprenant***. Il désigne l'**élève*** que les **enseignants*** sont par-
venus à définitivement protéger de la culture et d'eux-mêmes afin
qu'il s'apprenne tout seul sans être écœuré. Le mot est assez récent,
mais devrait bientôt prendre une orthographe plus conforme à la
philosophie qui entoure ordinairement sa mention (en un mot :
saprenant). Il devrait également provigner d'abondance (*saprenure,
sapréhension*, etc.). Les auteurs suggèrent au ministère d'appeler
dorénavant les *saprenants* qui terminent un programme des *sapris*
et d'appeler ceux qui ont quitté ce programme des *déprenants* (au
lieu de *décrocheurs**, trop méprisant quoique déjà mieux que *ayant
abandonné les cours*). **VOIR** ▸ **échec, étudiant, filles, garçons, jeune,
pédagocratie, réussite, S'éducant, transversales (compétences ~)**
et **zéro**.

sauf que

1. Attrape-joueurs subliminal. « Ça change pas le monde. Sauf que… » (publicité, Loto-Québec) VOIR ▸ **casino** et **vidéopoker**. 2. Conjonction de subordination étrangement convertie à la coordination et placée en tête de phrase. *Ils ont chanté au mariage des motards criminalisés. Sauf que c'était pas une bonne idée.* VOIR ▸ **fait que**, **Mom**, **personne (bonne ~)** et **voix**.

saveur (à ~)

Serait comme à peu près ça. *Un roman à saveur historique. Une cathédrale à saveur gothique.* « Un incendie à saveur criminelle » (Radio-Canada, 23 août 2000). « Métissages à saveur électronique » (*Le Devoir*, 7-8 juillet 2001). « Incident à saveur raciste » (*La Presse*, 21 juillet 2001). « Des passages de texte de chacune des histoires y sont présentés, accompagnés d'images et d'animations à saveur "mongole" » (*Sympatico*, janvier-février 2002). « Un tournoi de golf à saveur culturelle » (*La Presse*, 27 juillet 2002). « Des récits à saveur ethnographique » (*Le Devoir*, 7-8 septembre 2002). « Landry évite les analyses à saveur nationaliste » (*Le Devoir*, 19 mars 2003). « Un roman à saveur de terroir et de bons sentiments » (publicité). « Chrétien rend public un plan de réduction des gaz à effet de serre à saveur incitative » (*Le Devoir*, 13 août 2003). « Une équipe à saveur québécoise ! » (*La Presse*, 27 novembre 2003) VOIR ▸ **comme**, **genre** et **style**. ❶ On voit parfois **saveur** utilisé seul. « **Rationalisation*** saveur Internet » (*Le Devoir*, 13 juin 2000).

savoir (économie du ~, société du ~)

Mantra universitaire souvent vide de sens – pas toujours : « Comment une petite société comme le Québec peut-elle aspirer à se tailler une place parmi les sociétés du savoir quand tout le discours qui entoure l'école s'oppose au savoir et que les **enfants*** qui aiment l'école s'en cachent de peur d'être marginalisés ? » (*Le Devoir*, 19 avril 2000) L'*économie du savoir* est apparue quand l'État a décidé de faire des économies dans l'éducation. **VOIR** ▸ **économie**, **filles** et **garçons**.

s'éducant

L'**apprenant*** et le **s'apprenant*** deviennent aussi dans leur **cheminement*** des *s'éducant* (*séducants*). La nuance est subtile, mais tout un chacun sait qu'on peut très bien être un *sapri* tout en n'ayant aucune *séducation*. **VOIR** ▸ **décrochage**, **échec**, **élève**, **étudiant**, **filles**, **garçons**, **jeune**, **pédagocratie**, **réussite**, **transversales** (**compétences ~**) et **zéro**.

sens

1. *Bon ~*. Toujours *gros*. Il est vrai que vanter *le petit bon sens* n'aurait guère de sens. « Ne pas céder aux policiers de la Sûreté du Québec est une question de gros bon sens et de responsabilité morale, a ajouté le premier ministre » (*La Presse*, 26 août 2000). « Entre le tapis rouge et la **tolérance zéro***, n'y a-t-il pas quelque chose qui s'appelle le gros bon sens ? » (*La Presse*, 14 août 2002) **VOIR** ▸ **allons donc !** 💡 *Ne pas avoir de bon sens* n'est souhaité à personne. *Ta proposition, Céline, ça* l'a pas de bon sens.* 2. Espèce menacée. « Redonner sens à la dualité linguistique. Première femme à occuper le poste de commissaire aux langues officielles, Dyane Adam entend brasser la **cage*** » (*Le Devoir*, 29 juillet 1999). « Comment générer du sens et des **sous*** par le travail ? » (*Le Devoir*, 18 septembre 2000) 3. *Faire du ~*. Anglicisme d'**universitaire***. *Ta proposition fait du sens.*

sensibiliser

Avertir. VOIR ► conscientiser.

séparatisme, séparatiste

Grande réussite lexicale des fédéralistes : avoir remplacé les mots *indépendance / indépendantiste* par *séparatisme / séparatiste*. VOIR ► A (plan ~), aile radicale, association, clarté, conditions gagnantes, constitution, enclencher, forces vives, indépendance, modèle québécois, Môman, partition, plan B, purs et durs, référendum, souveraineté et table.

🗨 Dans le camp fédéraliste, se prononce souvent *séparatiss.*

se prendre bien

Qui ne fait pas dégueuler tout de suite. *La Torrieuse, elle se prend bien.* VOIR ► bourratif au goût.

sérieux

Approbation de l'étonnement d'autrui. – *Vous ne remettez pas votre devoir parce que vous avez pris une **brosse*** à la Torrieuse ?! – Sérieux, Madame, **tu*** peux me croire !* VOIR ► absolument, certain, définitivement, effectivement, exact, le faut, mets-en, oui, radical, tout à fait et yessssss.

services essentiels

Dans les services publics, notamment la **santé***, le sont de moins en moins. VOIR ► ambulatoire (virage ~), bénéficiaire, civières, malade, salles d'urgence, vitesses et urgence.

side-line

Revenu périprofessionnel. *Robert a vendu les photos de son mariage. C'est un **moyen*** side-line !*

sieste

VIE HÔTELIÈRE □ Dans le reste du monde, synonyme de *repos*. Au Québec, synonyme de *fornication*, peut-être même d'*adultère*. *Tarif sieste au Môtel Chez Robert et Céline.* **VOIR** ▶ faire.

signe (c'est quoi ton ~ ?)

Embrayeur sémiotique dans les émissions de variétés. *Tu prépares un nouvel* **album*** ? *Pour novembre ?* **C'est quoi*** *ton signe, toi, Céline ?*

s'investir

Faire quelque chose dans l'espoir de s'en trouver **grandi***. **VOIR** ▶ bonheur, **chercher, croissance, enfant, feng shui, irritant, nouvel âge, pensée magique, quotidien, ressourcer (se ~)** et **vécu**.

slugger

Péter la gueule **pas à peu près***. **VOIR** ▶ **blaster, claque** et **ramasser**.

snôro

Sous les apparences d'un idiot à **saveur*** imbécile, personne habile. *L'homme est un snôro pensant.* **VOIR** ▶ **deux, épais, gnochon, gueurlo, insignifiant, moron, nono, tarla, toton** et **twit**. 🔈 Existe au féminin : « elle a pris le menu, a appelé la réception, et a dit : "*apportez-moi un de chaque*", la snoreaude » (*Le Devoir*, 8 mai 2003).

social-démocrate

Espèce aussi rare, mais moins cinématographique, que le dinosaure.

société distincte

Selon feu le très honorable Robert Bourassa, évidence. Suivant ses adversaires fédéralistes, germe de fascisme. Pour ses adversaires

souverainistes*, façon hypocrite de brader les **intérêts historiques du Québec***. *Quoi qu'on dise et quoi qu'on fasse, le Québec constitue pour toujours et à jamais une société distincte, responsable et libre de décider de son avenir dans le respect et la dignité, la solidarité** *et la tolérance.* **VOIR** ▸ chinois (pâté ~), **empanada, ethnie, général Tao, modèle québécois, poutine** et **virage à droite. ❶** N'hésite pas à essaimer. «Québec aura une équipe distincte aux Jeux de la Francophonie» (*Le Devoir,* 18 mai 2001). «Le mât distinct» (*Le Devoir,* 22 mai 2001). «Les habitudes de lecture des Canadiens. Le Québec vraiment distinct» (*La Presse,* 9 mars 2003). «Le bungalow québécois distinct, n'en rions pas trop vite…» (*La Presse,* 14 novembre 2003)

soins palliatifs

En attendant pire. **VOIR** ▸ **aînés, ambulatoire (virage ~), autonomie (perte d'~), décéder, disparu, éteindre (s'~), longue maladie, thanatologue** et **vieillissement de la population.**

soixante plus un

POLITIQUE ☐ Pour un fédéraliste, seuil de majorité gagnante si cette majorité devait être en faveur de la **souveraineté***. **VOIR** ▸ **moins un, plus un, quarante plus un** et **voix.**

solidarité

En parler à l'année longue. La pratiquer quelques jours avant Noël, si possible devant les caméras de Radio-Canada. Elle a son ministère au Québec. «Pas de Fonds de solidarité patronal» (*Le Devoir,* 21 juin 2000). «Développer des solidarités avant d'établir un nouveau **partenariat*** avec l'État» (*Le Devoir,* 25-26 mai 2002). **VOIR** ▸ **clause orphelin** et **plan de match.**

sommet

1. **VIE COURANTE** □ **VOIR** ▸ top. 2. **POLITIQUE** □ Réunion de gens qui ont un caractère physique ou idéologique commun. Les conclusions d'un sommet sont toujours préparées à l'avance par son organisateur, lequel est le plus souvent un ministère, un lobby ou un gouvernement. Variante du **festival*** et du **salon***. De l'animation, de la francophonie, de la nordicité, des Amériques, des légendes, des **régions***, du Québec et de la jeunesse, sur l'**économie*** et l'emploi. **VOIR** ▸ **audiences, carrefour, chantier, coalition, comité, commission, concertation, consensus, consultation, états généraux, forum, partenaires sociaux, rencontre, suivi** et **table**. 🔑 1. De moins en moins pris au sérieux. « Le sommet des corridors. Les discussions formelles ne sont que la pointe de l'iceberg » (*La Presse*, 25 février 2000). « L'utilité des sommets reste à démontrer » (*Le Devoir*, 11 avril 2001). « Tiens tiens, un Sommet… » (*La Presse*, 17 avril 2001) « Montréal, ville aux 100 sommets » (*La Presse*, 13 mars 2002). « Le sommet du tricot » (*La Presse*, 26 mai 2002). « Le sommet du sac de couchage » (*La Presse*, 25 mai 2002). « Le sommet des **listes d'épicerie*** » (*Le Devoir*, 31 mai 2002). « Le sommet des bonnes intentions » (*Le Devoir*, 8-9 juin 2002). 2. S'exporte, néanmoins. « Un sommet extraordinaire des primats anglicans sur l'homosexualité » (*Le Devoir*, 9-10 août 2003).

songé

Pensé fort et de travers à tel point que c'en est croche. *Un film français est toujours trop songé.* « Oui, c'est un livre de prof. Songé, compliqué et tout, avec ce qu'on attend d'allusions **littéraires*** » (*La Presse*, 5 octobre 1997). **VOIR** ▸ **élitiste** et **franco-français**.

souche

A longtemps désigné ce que le bûcheron laissait derrière lui. Désigne maintenant le bûcheron lui-même. « Le président de la Chambre [de commerce] du Québec s'inquiète du poids démographique des Québécois de souche » (*Le Devoir*, 18 novembre 1989). « L'Action démocratique rejette la notion de "Québécois de souche" » (*La Presse*, 20 septembre 2000). « Les Cowboys fringants brassent leurs Québécois de souche » (*La Presse*, 29 juillet 2003). **VOIR ▸ allophone, autochtone, blanc, communautés culturelles, ethnie, minorité visible, nations (premières ~)** et **pure laine**. ❶ S'entend maintenant chez les **Français de France*** : « nos petits-bourgeois de souche amateurs de rock et de polars » (Alain Soral, *Jusqu'où va-t-on descendre ?*, 2002).

sous

Ne se dit et ne se compte qu'au pluriel, mais ce n'est pas parce qu'il y en a plus. « C'est une perte pour les étudiants parce que ce sont des sous que nous aurions dirigés en totalité vers les étudiants » (une vice-rectrice, *Le Devoir*, 13 janvier 2000). « J'ai souvent pensé / Que c'est mon voisin / Qui mène le **marché*** / Qui m'amène mon pain / Qui m'amène mes sous » (« Chez-Nous », chanson de Daniel Boucher). « Mais où sont les sous ? » (*La Presse*, 25 août 2001) « Des sous pour la démocratisation » (*Le Devoir*, 26-27 avril 2003). **VOIR ▸ argents**, dont *sous* est la variante infantilisée.

sous-financement

Toujours *chronique**. Financement à coups de **sous***.

sous-traitance

Rationalisation* à **saveur*** libérale. «Impôts, **réingénierie***, sous-traitance» (*Le Soleil*, 7 octobre 2003). «Un **bar ouvert*** pour la sous-traitance» (*Le Nouvelliste*, 14 novembre 2003). «Toutes portes ouvertes vers la sous-traitance» (*Le Devoir*, 14 novembre 2003). VOIR ▸ **capital humain, gens, gras, lubrifier, mobilité, personnel** et **portabilité**.

souveraineté, souverain

1. **Indépendance*** peureuse et/ou **plan B*** indépendantiste. VOIR ▸ **A (plan ~), aile radicale, association, autonomie (perte d'~), clarté, conditions gagnantes, constitution, enclencher, forces vives, modèle québécois, Môman, partition, purs et durs, référendum, santé, séparatiste** et **table**. 2. S'emploie par contagion en critique littéraire. *Une écriture souveraine.* «Son écriture est souveraine, elle transcende les règles» (*Le Devoir*, 7 août 1999). VOIR ▸ **âme, créateur, création (cours de ~), écriture (appel de l'~), exprimer (s'~), littéraire, livre** et **tripes**. 3. SPORTS ▢ A bien relevé le **défi***. «Souverain, Lemieux prépare la remontée de ses Penguins» (*La Presse*, 16 mai 2001).

spécial

Pas comme les autres, sans être trop **grave***. VOIR ▸ **différent***.

sport-études

Si un **ado*** n'a pas une bonne **estime de soi*** et menace de **décrocher***, voire s'il est **multipoqué***, on peut l'inscrire dans un programme sport-études: cet **apprenant*** passera moins de temps en classe, et plus à faire autre chose (du hockey, du bowling, etc.).

❶ Que représentent les études pour quelqu'un qui pense que le bowling est un sport ?

squeegee
Jeune entrepreneur urbain spécialisé dans le récurage inopiné des pare-brise. « Montréal crée une banque d'emplois pour squeegees » (*La Presse*, 22 décembre 1999). « Le squeegee est une forme d'intégration sociale » (*Forum*, Université de Montréal, 27 août 2001). « Des policiers squeegees ! » (*Le Devoir*, 20-21 juillet 2002)

stade
SPORTS ◻ Terme de baseball. 1. Décrié parce qu'**adjacent* Plateau***. 2. Décrié parce que pas au centre-ville. **VOIR** ▶ **date-butoir**, **livre**, **retombées**, **saga** et **vente de feu**.

Star académie
Loisirs communautaires télévisés. On y chantait, **genre***. « Anti-Star Académie : être ou ne pas être… *flushé** ! » (*La Presse*, 1ᵉʳ mars 2003) « *Star académie* a donc frappé les *régions** droit au cœur » (*La Presse*, 26 avril 2003). **VOIR** ▶ *Loft story*, *Occupation double* et **téléréalité**.

statu quo
PÉJORATIF ◻ Toujours le rejeter. Lui préférer une **réforme***.

steamer de marde (manger un ~)
RARE ◻ Équivalent idiosyncratique et très expressif de l'expression populaire *manger un char de marde*. Cette expression a toute l'affection des auteurs. On voit aussi parfois *manger un steamer de marde avec une braoule en fer blanc pour pas qu'ça rouille*. ❶ **HISTOIRE** ◻ Au lieu de *char de marde*, on voit parfois *char*, tout seul. « [La] législa-

ture du Massachusetts lui avait répondu de manger un char» (*Le Devoir*, 27-28 mai 2000). «[J'eusse] aimé que Salé et Pelletier […] enjoignissent messieurs dames les bonzes de l'International Skating Union de manger un char» (*Le Devoir*, 13 février 2002).

stie

1. Ponctuation archaïque du langage **indépendantiste***. «Think big, stie» (*Elvis Gratton*, film de Pierre Falardeau). 2. Juron passé dans la langue ordinaire. «Ostie qu'y s'lève tard» (chanson de Marc Déry). ❶ Se décline aussi en *estie*, *hostie* ou *ostie*.

stressé

État de qui risque de devenir **choqué*** ou **frustré***. VOIR ▸ gérer, **montée de lait** et **personnel**.

structurant

Synonyme approximatif de *fédérateur**, d'*intégrateur** et de *porteur**. «Le métro à Laval : un projet structurant pour le transport en commun métropolitain» (*Le Devoir*, 10 avril 2000). «C'est un projet terriblement structurant, avec un retour sur l'argent très rapide» (*La Presse*, 25 août 2000). «À moins qu'il ne se soit cru invité à un colloque belge sur la **concertation*** structurante dans un monde en mutation» (*La Presse*, 11 octobre 2001).

structurer

1. PÉDAGOGIE ▢ Demande exorbitante d'enseignants périmés, qui exigent qu'un exposé ou un travail ait un début, un milieu et une fin, si possible dans cet ordre. VOIR ▸ **pédagocratie**. 2. PSYCHOLOGIE ▢ Mot fondamental dans le conseil psychologique ordinaire. *Céline, veux-tu bien structurer ta libido !*

style

VOIR ▸ **comme**, **genre**, **réalité** et **saveur** (à ~).

suce (peser sur la ~)

Synonyme automobile de *champignon*. « "Ce que je veux avant tout, c'est peser sur la suce et rouler vite…" Mon oncle Jacques participera au GP de Sainte-Croix » (*La Presse*, 10 août 2000). « Or c'est de cette époque que sont nées les courses de stock car, qui réunissaient des *bootleggers*, livreurs d'alcool illégal et excellents chauffeurs habitués à peser sérieusement sur la suce pour se sauver de la police » (*Le Devoir*, 10 avril 2001). VOIR ▸ **bleaché**, **cirque** et **tranquillement**.

sud

Pour les **autochtones***, région méridionale du Québec. Pour les autres, tout centre de villégiature où il n'y a pas de neige entre les mois de janvier et mars. VOIR ▸ **bermudas** et **travail**.

suivi

Réflexion sur l'absence de conséquences des **audiences***, d'un **carrefour***, d'un **chantier***, d'un **comité***, d'une **commission***, d'une **consultation***, des **états généraux***, d'un **forum***, d'un **groupe-conseil***, d'un **groupe de discussion***, d'un **groupe de travail***, d'une **rencontre***, d'un **sommet***, d'une **table d'aménagement***, d'une **table de concertation***, d'une **table de convergence***, d'une **table de prévention*** ou d'une **table ronde***, malgré le **consensus*** des **partenaires sociaux*** et autres **intervenants***, à la suite de leur **concertation*** dans une **coalition***. « Que la Commission du livre de la SODEC soit chargée de former un comité de suivi des travaux du Comité» (recommandation d'un comité gouvernemental, octobre 2000). VOIR ▶ **festival** et **salon**.

super
Même sens, mais moins snobinard que **hyper***. *La Torrieuse, a* est super-bonne*. VOIR ▶ **capoter**, **débile**, **extrême**, **full**, **masse (en ~)**, **max**, **méchant**, **méga**, **moyen**, **os (à l'~)**, **pas à peu près**, **phat**, **planche (à ~)**, **torcher** et **über**.

sûr (c'est ~ que)
VERBE D'INTRODUCTION □ Semble marquer une nuance. *C'est sûr que Céline et Robert ne sont pas* **nécessairement*** *riches*.

switch (dormir sur la ~)
Moment d'inattention qui coûte cher. Ça n'arrivera plus! VOIR ▶ **clarté**, **fils (avoir deux ~ qui se touchent)**, **noirceur (la grande ~)**, **plogue** et **veille**.

switcher
LINGUISTIQUE □ Passer d'une langue à l'autre. *Dans la même phrase, un premier ministre du Canada switche facilement d'une langue à l'autre*.

synergie
MÉDIAS □ Collaboration, en mieux. «Le jupon de la synergie Quebecor m'avait mis de mauvaise humeur tellement il dépassait outrageusement» (*La Presse*, 18 mars 2002). «Bonus? **Valeur ajoutée***? J'utiliserais plutôt un mot pas beau: synergie» (*Le Devoir*, 26-27 octobre 2002). VOIR ▶ **arrimage**, **convergence**, **gagnant-gagnant**, **grappe**, **maillage**, **réseautage**, **partenariat** et **vision**.

t'

LINGUISTIQUE □ Phonème intensif par lequel le sujet se projette dans l'action qui le constitue. *J'me suis t'amusé à compter les mots du poème. Ben, y en avait plus **quossé*** que j'croyais.*

table

1. Espace de négociation. a. Accepter de discuter de tout. *Tout est sur la table.* b. S'apprêter à discuter de tout. *La table est mise.* c. Commencer à discuter de tout. *Aller à la table.* d. Constater que l'on ne peut plus discuter de tout. *Quitter la table.* e. Revenir sur l'impossibilité de discuter de tout. *Revenir à la table.* 2. *~ d'aménagement.* Table où l'on discute de la forme d'aménagement de la table. Table d'aménagement du quartier Hochelaga-Maisonneuve. 3. *~ de concertation.* Forme inoffensive du **sommet***. Table de concertation des lesbiennes et des gais du Québec. Table de concertation sur la faim et le développement social du Montréal contemporain. Table de concertation interprofessionnelle du milieu du livre. « La Table de concertation sur la motocyclette propose un examen théorique plus sévère » (*La Presse*, 16 mai 2000). « Table de concertation sur les effectifs médicaux » (*La Presse*, 25 août 2000). « La

coopérative fédérée claque la porte de la table de concertation fédérale» (*Le Devoir*, 18 juin 2002). 4. ~ *de convergence.* De deux choses l'une : ou bien table inutile, car déjà harmonieuse (les positions de chacun sont convergentes), ou bien table centrale, vers laquelle on accourt (on y converge). 5. ~ *de prévention.* A pour objectif de dispenser des autres tables. «Pour nous aider à assumer le coût des films et du développement, la Table de prévention de toxicomanie verse une subvention» (*La Tribune*, 27 janvier 2001). 6. ~ *de suivi.* Table qui suit la table. «Les syndicats n'obtiennent que la création d'une "table de suivi"» (*Le Devoir*, 8 décembre 2000). 7. ~ *ronde.* Forme circulaire du **sommet***. «Table ronde sur le Sommet du Québec et de la jeunesse» (*Le Devoir*, 24 janvier 2000). **VOIR** ▸ **audiences, carrefour, chantier, coalition, comité, commission, concertation, consensus, consultation, états généraux, festival, forum, groupe, partenaires sociaux, rencontre, salon, suivi** et **tabou.** 8. ~ *de conversion.* Rien à voir avec les autres tables ni avec la **religion***. Purement arithmétique. 9. ~ *des nations.* Le Québec n'y aurait pas (encore) sa chaise. **VOIR** ▸ **aile radicale, association, clarté, conditions gagnantes, constitution, enclencher, forces vives, indépendance, modèle québécois, Môman, partition, purs et durs, séparatiste** et **souveraineté.** ❶ La place des premières **nations*** à la table des nations ne va pas de soi.

tablette
À la température de la pièce. *Capitaine*, deux grosses Torrieuse tablette, s'il-vous-plaît.* ❶ N'a rien à voir avec la **table.**

tabletté

Fonctionnaire mis au rancart – avec salaire, généralement consé-
quent – ou rapport **flushé***. *X a été tabletté par le gouvernement
provincial. Le rapport de Y a été tabletté par le gouvernement fédéral.* **VOIR ▶ gras. ❶** Malgré son nom, le tabletté
ne participe pas aux **tables*** – bien au contraire : il reste
sur sa tablette.

tabou

S'emploie uniquement dans l'expression *Aucun sujet n'est tabou.*
❶ Synonyme psychopop de *Tout est sur la* **table***.

tarla

Sot du genre illuminé. Gagne à être précédé de l'adjectif *joyeux*,
méchant* ou **moyen***. *Robert est un joyeux / un méchant / un moyen
tarla.* **VOIR ▶ deux, épais, gnochon, gueurlo, insignifiant, moron,
nono, snôro, toton** et **twit.**

techno

Tout l'est : le travail, la musique, etc. **VOIR ▶ rave** et **tuque.**

téléréalité

MÉDIAS ☐ Fruit de la **convergence***. « Tout comme les États-Unis
et la France, qui eux ont de la télé-réalité pas piquée des hannetons
et ne se gênent pas pour en regarder, assis dans leur salon à la **table***
des nations » (*Le Devoir*, 22-23 février 2003). **VOIR ▶** *Loft story, Occupation double*, **réalité** et *Star académie.*

tendance

I. **MONDANITÉ** ☐ Qui suit le goût du jour. *Céline est très tendance.*
« Y aurait-il **comme*** une tendance qui se dessine ? » (*Le Devoir*,

16 octobre 2000) « En matière d'autoroute, le Québec n'est pas "tendance" » (*La Presse*, 6 février 2002). **VOIR** ▶ décoiffer. 2. **POLITIQUE** ☐ Devrait se maintenir. *Si la tendance se maintient...* 3. *~ lourde*. Tendance qui s'est maintenue. « Et par la mise au rancart du principe d'autorité, remplacé par une toile de plus en plus touffue de règles affichant une tendance lourde à affliger les normes sociales d'un degré de médiocrité sans cesse croissant » (*La Presse*, 26 août 2001).

termes (en ~ de)
VOIR ▶ « Douze mots ou expressions à flusher de votre vocabulaire », p. 106-108.

téteux
1. Qui tourne autour du pot. *Robert ne sait pas quand il épousera Céline. Quel téteux!* 2. Qui flagorne un **max***. *Céline est une **méchante*** téteuse.*

thanatologue, thanatologie
Croque-mort formé au cégep. S'exporte. « La thanatologie de Rosemont en Chine » (*La Presse*, 15 février 2001). « De Shangai à Rosemont pour apprendre la thanatologie » (*La Presse*, 6 juillet 2002). **VOIR** ▶ aînés, autonomie (perte d'~), chinois (pâté ~), décéder, disparu, éteindre (s'~), longue maladie, soins palliatifs et vieillissement de la population.

Ti-
Prénom usuel des hommes politiques. *Ti-Jean. Ti-Poil. Ti-Pierre. Ti-Brian.* Accompagné de *gars**, désigne aussi leur naissance inévitablement pittoresque. *Le ti-gâ de Shawinigan*: l'auteur des *Chrétienneries*, l'ex-premier ministre du Canada, Jean Chrétien. *Le*

ti-gâ de Chandler : l'ex-premier ministre du Québec, René Lévesque. *Le ti-gâ de Westmount* : l'ex-premier ministre du Canada, Pierre-Elliott Trudeau. *Le ti-gâ de Baie-Comeau* : l'ex-premier ministre du Canada, Brian Mulroney. ❶ Peut s'étendre aux sportifs : Ti-Guy. **VOIR** ▶ **blond**.

tolérance zéro
Pas **pantoute***. Exprime l'intolérance. « Jean-Paul II décrète la tolérance zéro » (*Le Devoir*, 24 avril 2002). « Tolérance zéro pour les assistés sociaux aptes au travail » (*Le Devoir*, 4 juillet 2003). « Contre la tolérance zéro exercée à l'endroit des personnes marginalisées » (*Le Devoir*, 28 juillet 2003). « Le conseiller du **Plateau*** préconise la "tolérance zéro" » (*La Presse*, 24 novembre 2003). **VOIR** ▶ **ayatollah**, **intégrisme** et **rectitude politique**.

top (être au ~)
Être en relative bonne santé (morale ou physique). **VOIR** ▶ **sommet**.

torcher
MÉLIORATIF ☐ « "Wow ! Y torche, ton coat !" Traduction : il est beau ton manteau » (*La Presse*, 3 novembre 2000). « La torchère ne torche plus, dommage » (*La Presse*, 7 avril 2003). **VOIR** ▶ **capoter**, **débile**, **extrême**, **full**, **hyper**, **masse (en ~)**, **max**, **méchant**, **méga**, **moyen**, **os (à l'~)**, **pas à peu près**, **phat**, **planche (à ~)**, **super** et **über**.

toton, tôton
Plus proche du **deux*** de pique, de l'**épais***, du **gnochon***, du **gueurlo***, du **nono***, du **tarla*** et du **twit*** que du **moron*** et du **snôro***. « 500 joyeux tôtons, dont moi qui, je vous le souligne, signent néanmoins des papiers sur le Tour de France, comme s'ils

y étaient. **Anyway*** » (*La Presse*, 10 juillet 2001). « On peut très bien passer sa vie à observer la règle et n'être ni un *moumoune**, ni un tôton » (*La Presse*, 22 novembre 2003).

toune

Chanson, en plus convivial. « Martin Deschamps : quand les tounes prennent le dessus » (*La Presse*, 18 septembre 2000). VOIR ▶ **album**, **artiste**, CD, **convivialité**, DJ et **fusion**.

tout à fait

MÉDIAS ☐ Oui*. VOIR ▶ **absolument, certain, définitivement, effectivement, exact, le faut, mets-en, radical, sérieux** et **yessssss**.

toutte, toute, tout'

1. Mélioratif masculin *et* féminin. *Robert, c'toutte un gérant. Céline, c'toutte une créatrice.* VOIR ▶ **pantoute.** 2. Pronom englobant. « On ne le dira jamais assez, toute est dans toute » (*Le Devoir*, 17 novembre 2003).

tradition

Mauvaise habitude. « [Le] PQ a une tradition de **mal paraître*** lors d'élections complémentaires » (*Le Devoir*, 19-20 mai 2001).

tranquillement

Vitesse prisée par les non-**bleachés***. *M'as** *y aller tranquillement pas vite.* VOIR ▶ **suce (peser sur la ~).**

transversales (compétences ~)

ÉDUCATION ☐ Objectif de la plus récente tentative de **réforme*** de l'enseignement élémentaire au Québec ; il faudrait les maîtriser.

Denis Bertrand et Hassan Azrour, *Réapprendre à apprendre au collège, à l'université et en milieu de travail : théorie et pratique pour maîtriser les compétences transversales*, 2000. **VOIR** ▶ **apprenant**, **compétence**, **décrochage**, **échec**, **élève**, **étudiant**, **filles**, **garçons**, **jeune**, **pédagocratie**, **réussite**, **s'apprenant**, **s'éducant** et **zéro**. 🔵 S'applique aussi en matière d'éducation sexuelle. « La sexualité transversale » (*La Presse*, 1ᵉʳ novembre 2003).

trash
Matière culturelle en phase de pré-**recyclage***. Antonyme : **vintage**. **VOIR** ▶ **destroy** et **vidange**.

travail
Inutile. Gâche les loisirs. Lui préférer le **sud***.

tricoté serré
Sans faille, mais avec mailles. « [La] Vieille **Capitale*** – surtout au **niveau*** des cercles dirigeants – est un petit milieu tricoté serré » (*La Presse*, 11 janvier 2001). « Bon, vous le connaissez, du moins grâce aux superbes Pommards du comte Armand qu'il a tricotés serré depuis plus d'une décennie » (*Le Devoir*, 1ᵉʳ juin 2001). « Une loi tricotée serrée » (*La Presse*, 10 juin 2002). « Une famille tricotée serrée » (*La Presse*, 20 juin 2003). « José Fréchette a concocté un dernier épisode "tricoté serré" » (*La Presse*, 15 novembre 2003). **VOIR** ▶ **maillage**.

trio
VOIR ▶ **deux**.

tripes

Matériel d'**artiste***. Moins noble que l'**âme***. «On oublie d'ajouter [qu'il] ne créait pas avec ses produits et ses ingrédients. Il créait avec ses tripes» (*La Presse*, 9 novembre 2000). **VOIR** ▸ **créateur, création (cours de ~)**, **écriture (appel de l'~)**, **exprimer (s'~)**, **littéraire, livre** et **souveraineté**.

tripper

VOIR ▸ «Le cimetière des mots», p. 152-153.

Trois-Rivières

Capitale internationale mondiale de la poésie. **VOIR** ▸ **capitale mondiale**, **écriture (appel de l'~)** et **Québec**.

trottinette motorisée

Plaie urbaine. **VOIR** ▸ **cellulaire** et **motomarine**.

truchement

Instrument nécessaire au raisonnement articulé. *Par le truchement des* **zoutils*** *théoriques, vous mettrez des* **balises*** *autour des* **fondements*** *de votre hypothèse.* **VOIR** ▸ **point**.

tsé

Tu sais. 1. *~-des-fois*. Dans un monologue dramatique, expression signalant chez le personnage un intense débat intérieur, quelquefois métaphysique. *Tu vois, Céline, j'ai beau être un dur, un coureur, un buveur de Torrieuse… Tsé-des-fois… J'ai quand même d'la misère avec moi-même, Céline… D'la misère…* 2. *~-veux-dire*. Dans la conversation courante, intensif marquant la complicité, essentiellement quand elle n'est aucunement acquise. *Tu vois, Robert… Céline et moi… Tsé-veux-dire…*

tu

Pronom de la deuxième personne, au pluriel comme au singulier.
*Et vous, M. Marcotte, es-tu prêt pour ton bain? Les **amis*** *de la gar-*
*derie**, es-tu prêt? T'as-tu vingt-cinq cennes, s'il-vous-plaît, Monsieur?*
Ne pas voir **vous**. VOIR ▶ **a**, **convivialité**, **on** et **y**. VOIR ▶ « Trois règles
grammaticales indispensables », p. 72-73.

tuque

1. *Attacher sa ~.* Se préparer au meilleur. *Attache ta tuque* (album
des Cowboys fringants). « Attache ta tuque avec Coke » (publicité).
❶ Existe en version urbaine : « Les Cowboys fringants. Attache ton
quadrilatère ! » (*Le Devoir*, 29 juillet 2003) Et en version country :
« Le show Cowboys fringants. Attachez vos cha-
peaux western ! » (*La Presse*, 28 juillet 2003)
2. *Attacher sa ~ avec de la broche.* Se préparer au
pire. « Gilles Proulx fait ses débuts à l'animation
d'un téléjournal. Attachez vos tuques avec de la
broche ! » (*La Presse*, 21 août 2000) VOIR ▶ **broche à**
foin et **cage (brasser la ~)**. ❶ Existe en version
*techno** : « Attachez vos tuques avec de la fibre ! »
(*La Presse*, 16 février 2001)

TVQ

1. Taxe de vente du Québec. 2. Tragédie du **verglas*** au Québec.
« D'abord, c'était le cinquième anniversaire de la Tragédie du verglas au Québec (TVQ) » (*Le Devoir*, 7 janvier 2003).

twit

VOIR ▶ « Le cimetière des mots », p. 152-153.

über

Plus que mieux. «Bonheur, übermarques et faux **vintage*** » (*La Presse*, 10 mars 2003). «Au Rain, tout est über class» (*La Presse*, 5 mai 2003). **VOIR ▸ capoter, débile, extrême, full, hyper, masse (en ~), max, méchant, méga, moyen, os (à l'~), pas à peu près, phat, planche (à ~), super** et **torcher**.

universitaire

Dans le meilleur des cas, profiteur. Dans le pire, débaucheur. Dans les deux, inutile. **VOIR ▸ excellence, performer** et **rendement (indicateurs de ~)**.

upgradé

Amélioré **pas à peu près***.

urgences

Y en a-t-il vraiment? **VOIR ▸ ambulatoire (virage ~), bénéficiaire, civières, malade, salles d'urgence, santé, services essentiels** et **vitesses**.

us

États-unien, jusque dans la prononciation. «[Le lecteur de nouvelles] amorce "dollar", mord dans le "IOU", glisse langoureusement sur le "ESSE"» (*Le Devoir*, 13-14 octobre 2001). Dites *iou-esse*.

vacances
Devraient dispenser du **travail***.

vache
1. ~ *maigre*. Animal national. **VOIR** ▶ **huard** et **néolibéral**. 2. De maigre, est devenue folle. **VOIR** ▶ **brebis**.

valeur ajoutée
Par contagion du discours économique, synonyme de *plus*, de *meilleur* ou de *mieux*, sinon des trois. « [L'on] peut raisonnablement croire qu'une incursion bien guidée dans la philosophie des sciences puisse représenter une valeur ajoutée significative à la formation scientifique » (*Le Devoir*, 5 avril 2000). « Pour des raisons de cohésion sociale mais aussi d'économie, nous avons intérêt à faire profiter nos **régions*** des immigrants. Ils sont une valeur ajoutée » (*Le Devoir*, 22 août 2000). **VOIR** ▶ **plus (un ~)**.

varloper
S'en prendre à quelque chose ou à quelqu'un. « Québec varlope le plan d'aide fédéral de 246 millions » (*La Presse*, 9 octobre 2002). « Embraer varlope Bernard Landry et Investissement Québec » (*La Presse*, 20 février 2003).

VDFR
Virage à droite* au feu rouge.

vécu
La vie une fois que l'on a vérifié son existence par l'expérience. *Ça fait partie de mon vécu.* « Ainsi, les vases du vécu de chacun se transvident les uns dans les autres » (*Le Devoir*, 14 août 2000). **VOIR** ▶ **affaires, bonheur, chercher, croissance, enfant, feng shui,**

grandir, irritant, nouvel âge, pensée magique, quotidien, réalité, ressourcer (se ~), s'investir et vie.

vedge (être ~), vedger
Ne rien faire, glander, faire le légume (de *vegetable*, en anglais). *Par essence, l'ado* est vedge.* A remplacé **loafer***.

veille
Pour éviter de dormir sur la **switch***. « La clé de l'adaptation passe par la création de réseaux nord-américains d'entraide, de veille et de supports technologiques et méthodologiques » (*La Presse*, 1ᵉʳ avril 2000).

vent (facteur ~)
Travaille l'hiver pour abaisser la température, mais reste introuvable l'été. *Le facteur vent n'est pas toujours un **facteur significatif***.*

vente de feu
Au baseball, cession périodique par les Expos de Montréal de leurs meilleurs éléments à une équipe plus riche. *La vente de feu de 1994 a vu partir Marquis Grissom, Ken Hill, Joe Phelan, Larry Walker et John Wetteland.* Ne tient pas compte de la **date-butoir***, beaucoup des **retombées***. « Mais une chose est certaine, presque aussi certaine qu'une vente de feu prochaine chez nos Expos » (*Le Devoir*, 12 décembre 2002). VOIR ▶ **livre** et **stade**.

verglas
Crise de ~ ou *criss de ~*, suivant que l'on évoque l'hiver 1998 ou ses conséquences. VOIR ▶ **TVQ**.

versus
VOIR ▶ « Douze mots ou expressions à flusher de votre vocabulaire », p. 106-108.

veut veut pas

Fatalité. *Phèdre, a la pas l'choix de n'pas s'tuer, veut veut pas.* « Veut, veut pas, les maladresses des génies rassurent son homme et sa femme [...] » (*Le Devoir*, 16-17 décembre 2000). « [Ça] doit être pour cette raison, parce que, veut, veut pas, je lui ressemble, que je suis tombée amoureuse de cette ordure de HCMCQ » (Catherine Mavrikakis, *Ça va aller*, 2002). VOIR ▶ assez, besoin (de ~), ça, franco-français, gagnant-gagnant, matante, mononcle, pépeine, pratico-pratique, quand qu'on et qui qui. ❶ On voit aussi *veux veux pas* : « Veux, veux pas, on essuie sa petite larme à voir renaître un vieux théâtre longtemps familier » (*Le Devoir*, 24-25 mars 2001). « [On] en arrive toujours là, veux veux pas, et des décennies d'hommes **roses*** et de femmes bleues ne sauraient empêcher les différences fondamentales des sexes de s'infiltrer partout » (*Le Devoir*, 23-24 juin 2001).

vidange

1. Déchets, ordures. VOIR ▶ **défi, recyclage** et **trash**. 2. TÉLÉVISION □ Depuis la série télévisée *La petite vie*, symbole dérisoire de **mâlitude***. VOIR ▶ **Creton, défi, dinde, gars, homme, Môman** et **Pôpa**.

vidéopoker

DESIGN □ Dans les troquets, on avait accoutumé de placer les clients autour d'une table. Dorénavant, ils sont alignés le long des murs devant des machines à **sous*** ; ils boivent autant de Torrieuse, mais ils occupent moins de place et, par faute de contacts avec les autres, ils se tapent moins souvent dessus. Paradoxalement, source d'économie. VOIR ▶ **casino**.

vie

PHILOSOPHIE ☐ Notion vague et dispersante dont il est présumable qu'elle désigne la somme du **quotidien***, du **vécu*** et des **irritants***. Pour aider son **public*** à faire la part des choses, la télévision de Radio-Canada a mis en ondes, en 1999-2000, la série *La vraie* *vie* ; il ne serait pas étonnant qu'il y ait beaucoup été question des vraies **affaires***. « Les **festivals*** sont merveilleux lorsqu'ils nous ramènent à la vraie vie » (*Le Devoir*, 30 octobre 2001). « C'est moins crédible sur papier, mais drôlement plus crédible dans la vraie vie » (*Le Devoir*, 4 mars 2003). Antonyme de *vraie vie* : *université*.

Vieille capitale

VOIR ▸ Québec.

vieillissement de la population

Vaste masse croissante de pré-**aînés*** qui prirent le pouvoir à l'occasion de la **Révolution tranquille*** et dont le **jeune*** s'inquiète de devoir payer la retraite, vu que le **sous-financement*** des caisses de l'État est **chronique***. **VOIR ▸** aînés, **autonomie (perte d'~)**, **baby-boomers**, **décéder**, **disparu**, **éteindre (s'~)**, **longue maladie**, **soins palliatifs** et **thanatologue**.

vintage

MODE ☐ Du vieux rescapé par le **recyclage***. A remplacé **rétro***. « Vous avez une grande soirée ? Pensez au mot vintage. D'ailleurs le mot à lui seul est de plus en plus in » (*La Presse*, 10 mai 2001). « Ma première robe *vintage* était en velours noir et satin lilas des années 50 » (*Le Devoir*, 18 mai 2001). « S'habiller "vintage" : la recherche d'un supplément d'**âme*** » (*La Presse*, 13 septembre 2001). « *Vintage* ici, *vintage* là, tout a été *vintage* en 2001 : les vêtements, les bijoux, les décors, la cuisine et même les sports» (*La Presse*, 29 décembre 2001). Antonymes : **destroy***, **trash***.

🔊 Se prononce *vine-té-dje*.

virage à droite

1. En matière de code de la route, le permettre au feu rouge dans le **450*** et dans les **régions***, l'interdire à Montréal. *Mario Dumont ne sait pas s'il est en faveur du virage à droite.* VOIR ▸ **société distincte**. ❶ Abréviation : VDFR. 2. En matière de politique provinciale, le permettre partout. *Mario Dumont est très en faveur du virage à droite.* VOIR ▸ **réingénierie**.

visage français du Québec

On en trouve ici un **polaroïd***. VOIR ▸ **d'ici**.

vision

Gène de la **croissance*** chez les **gens*** d'affaires ; sans elle, pas de réussite de la **réingénierie***. Qui la possède repère les **partenariats*** et les **arrimages***, zyeute les **retombées***, cible les **joueurs* majeurs*** de la **grappe***, élabore des **plans de match*** fondés sur la **convergence*** et la **synergie***, monte des **maillages*** et autres **réseautages***. *Le chef du **personnel*** a une vraie vision ; il a déjà commencé à rationaliser**. ❶ *Ne pas voir* **non-voyant** ; ça n'a rien à voir.

vitesses

SANTÉ ☐ Les riches ont toujours été mieux soignés que les pauvres. Les Canadiens ne le savaient pas. Ils sont appelés à le découvrir. « Le **sous-financement*** prémédité crée de toutes pièces un problème pour lequel on a déjà trouvé une solution sur mesure, soit la médecine à deux vitesses » (*La Presse*, 6 décembre 2000). « Ottawa préparerait l'avènement d'un système de santé à deux vitesses» (*La Presse*, 12 août 2001). **VOIR** ▸ **ambulatoire** (**virage ~**), **bénéficiaire**, **civières**, **malade**, **salles d'urgence**, **santé**, **services essentiels** et **urgence**. ❶ 1. Les choses accélèrent – ou ralentissent. «Vers un système de santé à trois vitesses?» (*La Presse*, 6 février 2001) 2. Expression en cours de migration. «Montréal, une ville à deux vitesses?» (*La Presse*, 15 novembre 2001) «De la mari à deux vitesses» (*Le Devoir*, 20-21 juillet 2002). «Même la miséricorde est à deux vitesses» (*Le Devoir*, 20 mars 2003). «L'aide juridique à deux vitesses» (*Le Devoir*, 14-15 juin 2003). «Une école à deux vitesses» (*Le Devoir*, 4-5 octobre 2003). «La justice québécoise à deux vitesses» (*Le Devoir*, 24 novembre 2003). Là aussi, les choses ralentissent – ou accélèrent. «Une école à trois vitesses» (*Le Devoir*, 28-29 septembre 2002).

vivre

1. S'abolir dans un objet. «Je vis ma vinaigrette» (air populaire ancien). «La pièce sera une série de parenthèses dans une longue phrase avec des comédiens pour vivre les digressions» (*Le Devoir*, 5 décembre 1998). 2. *Laisse-moi ~*. Phrase typique du **jeune*** qui veut que ses parents lui foutent la paix et le laissent aller au bout de son **cheminement***. **VOIR** ▸ **choix**, **démarche** et **respecter**.

voix

Problème existentiel du Québec. Il en a plusieurs: Céline Dion, Lara Fabian (ou Diane Dufresne), Bruno Pelletier, Bernard Derome, René Lecavalier, Henri Bergeron, Ginette Reno, Jean-Pierre Ferland, Garou, Isabelle Boulay. Il n'en a pas une: *Le Bloc québécois prétend être la voix des* **intérêts historiques du Québec*** *à Ottawa; c'est pas vrai, disait un député libéral.* Il ne sait pas les compter:

VOIR ▸ moins un, plus un, quarante plus un, sauf que et soixante plus un.

volonté (à ~)

Les mangeurs n'en ayant pas, les buffets le sont. *Cuisses de grenouille à volonté le lundi et le jeudi.* **VOIR** ▸ bar ouvert, bourratif au goût et gras.

vouloir (se ~)

VOIR ▸ être. **VOIR** ▸ «Douze mots ou expressions à flusher de votre vocabulaire», p. 106-108.

vous

Mot si peu employé qu'on dirait qu'il est tu. **VOIR** ▸ a, convivialité, on, tu et y. **VOIR** ▸ «Trois règles grammaticales indispensables», p. 72-73.

vrai

Il semble bien que le *faux* menace, si l'on en croit les rappels fréquents aux vraies **affaires***, au vrai **monde***, aux vraies valeurs, à la vraie **vie***. «Simon Durivage : comment aller chercher le "vrai fond" des gens» (*La Presse*, 8 septembre 2000).

y

Pronom personnel de la troisième personne du singulier comme du pluriel, du féminin comme du masculin. *Robert, y est riche. Céline et Robert, y sont riches.* VOIR ▸ **a, on, tu** et **vous.** VOIR ▸ « Trois règles grammaticales indispensables », p. 72-73.

yesssssss

Oui*, très fort. « Si c'est bon de gagner de cette façon ? Yessssss ! Yessssss ! » (*La Presse*, 3 juillet 2001) VOIR ▸ **absolument, certain, définitivement, effectivement, exact, le faut, mets-en, radical, sérieux** et **tout à fait.**

yo

1. En langage jeune, salutation. « Le premier vendeur que j'ai rencontré, au CompuSmart du centre-ville, était en effet hypersmart, quasiment "Yo **man***!", mais un **peu*** inquiétant » (*La Presse*, 2 juin 2000). « Yo ! Je m'appelle Stéphanie et je suis une **ado*** pas mal colorée » (*Le Devoir*, 4 août 2000). 2. Ce **jeune*** lui-même, essentiellement en milieu urbain. « Elle a ressenti le climat particulièrement tendu de l'après-**consultation***, s'est fait suivre par "des jeunes yo !"

munis de barres de fer qui voulaient lui faire un mauvais parti» (*Le Devoir*, 5 août 2000). 3. Cri d'alarme. *Yo ! Fais attention.*

zéro

Prend des sens radicalement opposés selon qu'il désigne un individu ou son œuvre (*Proust, c'est très surfait, c'est zéro*) ou bien qu'il qualifie le résultat d'une soustraction. VOIR ▶ **déficit zéro** et **tolérance zéro**. ❶ L'expression pédagogique utilisée avant la **Révolution tranquille*** : «Avoir zéro» ou «Récolter un zéro», jugée blessante et discriminatoire, a été supprimée et remplacée par la notation en lettre A- («A moins»). Même si tout un chacun vous dira que les systèmes de notation par cotes chiffrées et par lettres sont littéralement in-com-pa-ra-bles, il est raisonnable de penser que le zéro classique correspond à cette note A- donnée aujourd'hui dans les cégeps et les universités du Québec. Le *sapris* (VOIR ▶ **s'apprenant**) qui obtient A- conserve intactes sa **fierté*** et son **estime*** de soi, mais n'a aucune chance dans aucun concours (bourse, subvention *et al.*) pour la suite de son **cheminement***, ce qu'on ne lui dit évidemment pas. VOIR ▶ **apprenant, décrochage, échec, élève, étudiant, filles, garçons, jeune, pédagocratie, réussite, s'éducant** et **transversales (compétences ~).**

zoutils

La pensée inquiéterait si elle n'était qu'un produit immatériel de l'esprit. C'est pourquoi il est recommandé de penser avec des zoutils, des **balises***, des **fondements***, des **points*** et un **truchement***. *Il faut vous donner des zoutils théoriques pour mettre des balises autour des fondements de votre hypothèse.*

1. Les trois réponses sont valables.
2. Le modèle québécois.
3. Non.
4. a.
5. c.
6. b.
7. a.
8. flushée.
9. La table.
10. Allo; fun; allophone.
11. Clarté; éteindre (s'); fils (avoir deux ~ qui se touchent); noirceur (la grande ~); plogue (tirer la ~); switch (dormir sur la ~).
12. Régions; 450.
13. La journée internationale de l'agrume de Coaticook.
14. Pantoute.
15. Ben là; c'est ça qui est ça; oublie ça, oubliez ça; veut veut pas.

Si vous avez **plus de dix bonnes réponses**, tant pis ou tant mieux pour vous; vous parlez **tendance***.

Si vous avez **entre sept et dix bonnes réponses**, cela indique que vous arrivez à vous débrouiller dans la vie, mais que vous devez assez souvent avoir l'impression ne pas avoir **rapport***.

À **moins de sept bonnes réponses**, pauvre vous! Vous devez **œuvrer*** à vos compétences **transversales***.

Si vous avez **zéro***, c'est votre **choix***.

APPEL À TOUS

Votre monsieur est pas **content*** à cause d'un oubli ? Votre **dame*** est **stressée*** par un manque ? Ton **jeune*** est **über***-déçu ? Les auteurs ne désespèrent pas de vous / te lire, le monde étant aujourd'hui ouvert aux lois du **libre-échange***, à l'adresse suivante :

BENOÎT MELANÇON
Département d'études françaises
Université de Montréal
C.P. 6128, succ. Centre-ville
Montréal (Québec)
Canada H3C 3J7
benoit.melancon@umontreal.ca

Mieux encore : pensez **convergence*** et visitez notre site Web à l'adresse

http://www.fides.qc.ca/dqi

LISTE DES CARTES, TABLEAUX, PERROQUETS ET DIALOGUES

Achevé d'imprimer sur les presses de AGMV Marquis
au mois de janvier 2004
Québec, Canada